marie claire idées

W0463896

Sacs à coudre

50 modèles pour toutes les saisons

Éditions marie claire

Sommaire

Pour calculer le taux d'agrandissement des schémas et que la barre témoin mesure 5 cm (ou la longueur indiquée) : mesurer la barre, par ex. 1,5 cm, puis faire le calcul suivant : 5/1,5 = 3,33.
Le taux d'agrandissement doit être de 333%.
Agrandir d'abord à 200%, taux maxi des photocopieuses.
Pour le 2e agrandissement, faire le calcul suivant : 333/200 = 1,66. Le pourcentage du 2e agrandissement est de 166%.
Si le résultat du 1er calcul est inférieur à 2, régler directement la machine sur ce pourcentage.

Sacs tendance

Cabas naturel fleurs rouges

Dimensions

54 cm de large x 45 cm de haut

Fournitures

Un vieux drap de chanvre + toile rayée pour la doublure • 2 morceaux de sangle de 3 x 70 cm • 5 fleurs et 3 feuilles crochetées, en coton (brocante, elles ont été teintes en rouge) • Fil à coudre pour coutures solides • Fil rouge • 6 gros boutons • 150 cm de fin cordon

Réalisation

Reproduire le patron des faces sur le drap et sur la doublure, les poches extérieures sur le drap, la poche intérieure sur la doublure. Couper tous les morceaux en ajoutant 2 cm tout autour. Piquer un double rentré de 1 cm en haut de chaque poche. Repasser un rentré de 2 cm sur les 3 autres bords. Piquer les 2 poches de drap, au fil rouge, sur une des faces en les superposant (voir photo). Piquer la poche de la doublure sur une des faces de la doublure.

Piquer les 2 faces du sac et de la doublure endroit contre endroit à 2 cm des bords. Repasser un rentré de 2 cm dans le haut du sac de drap, de 2,2 cm dans le haut du sac de doublure. Glisser les 2 sacs l'un dans l'autre, envers contre envers. Piquer le haut à ras de la doublure. Faire 2 piqûres parallèles tout autour du sac, la 1re à 5 cm du haut, la 2e, 5 cm plus bas. Découdre quelques points des coutures de côté de la doublure entre ces 2 piqûres pour ouvrir une coulisse. Broder 5 boutonnières verticales dans le haut de la face avec les poches, la 1re au milieu, les autres espacées de 9 cm. Coudre les boutons en vis-à-vis à l'intérieur du sac sur l'autre face. Couper la sangle en deux. Coudre solidement les extrémités, espacées de 28 cm. Cacher les coutures en cousant une fleur par-dessus. Coudre la dernière fleur et les feuilles sur les poches.

Couper le cordon en deux, glisser une moitié dans chaque coulisse pour resserrer le haut du sac en les nouant à l'intérieur.

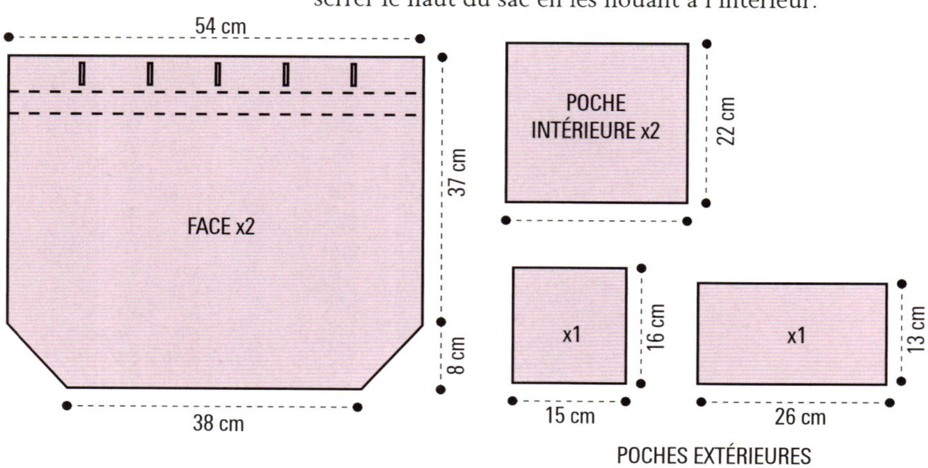

Jean détourné

Fournitures

Un jean taille adulte • 2 anses en cuir • Fil pour coutures solides

Réalisation

Prélever dans le haut d'une jambe un morceau d'environ 23 cm de haut.
Piquer le bas endroit contre endroit pour le fermer.
Prélever la poche arrière et la coudre sur le devant du sac.
Découper une bande de 7 cm de large sur toute la hauteur de l'autre jambe.
Surfiler les bords. Plier en accordéon et maintenir par de petits points.
Coudre l'accordéon tout autour du haut du sac. Coudre solidement les deux anses à l'intérieur du sac.

Sac rouge cerise

Fournitures

50 cm de toile rouge en 140 cm de large et de toile thermocollante fine • Fil à coudre rouge • Mouliné DMC : 1 éch. Blanc

Réalisation

Couper 4 rectangles de 36 x 30 cm pour les faces du sac intérieur et du sac extérieur, 2 rectangles de 92 x 8 cm pour les soufflets, 2 rectangles de 8 x 52 cm pour les anses et un de 24 x 22 cm pour la poche. Toutes les coutures de 1 cm sont comprises. Appliquer de la toile thermocollante sur l'envers de tous les morceaux du sac extérieur.

Repasser un rentré de 1 cm tout autour de la poche. Ouvrir une fente centrée de 12 cm de long à 6 cm du haut de la poche. Border tout le tour de points de boutonnière de 1 cm, régulièrement espacés. Renforcer les extrémités par des brides.

Sac extérieur : piquer la poche à 4 cm du haut d'une face du sac extérieur. Piquer le soufflet autour d'une face puis autour de l'autre.

Monter le sac intérieur de la même façon, sans poche. Repasser vers l'envers un rentré de 1 cm en haut de chaque sac. Les glisser l'un dans l'autre envers contre envers.

Repasser un rentré de 1 cm tout autour des bandes des anses puis les plier envers contre envers. Piquer les extrémités et les longueurs. Broder des points de boutonnière sur chaque extrémité. Épingler les extrémités d'une anse sur 5 cm, sur chaque face du sac, espacées de 22 cm. Piquer le tour du sac puis renforcer le montage des anses en piquant en rectangle sur les bords, à ras de la broderie et sur la piqûre du haut du sac.

Sac de fille

Fournitures

Un drap ancien avec des jours perpendiculaires à l'ourlet • 3 napperons en coton (de 20, 15 et 12 cm) • Capsules de teinture à chaud Dylon Rose et Jaune • 4 boutons à recouvrir : 2 de 2,9 cm, 1 de 1 cm et 1 de 5 cm • Coton perlé rouge • 50 cm de tissu à pois (fond rose + pois bruns) + chutes de différents tissus à pois ou unis coordonnés • 50 cm de cotonnade rouge pour la doublure • Fils à coudre coordonnés

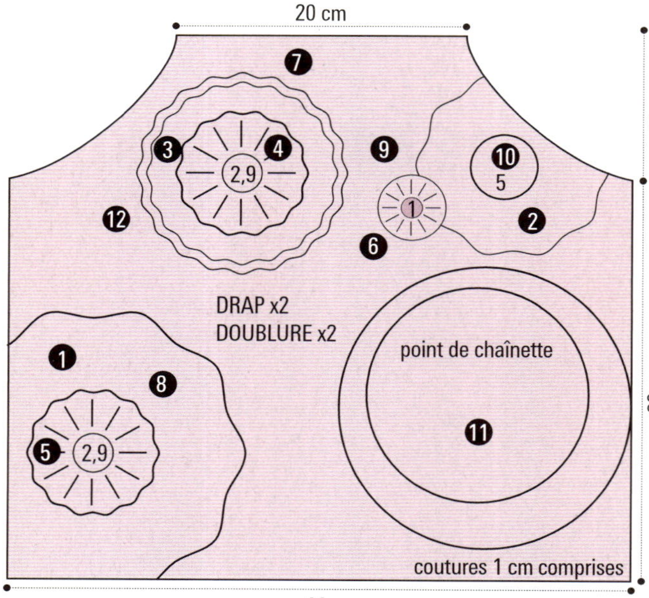

1 à 3 = NAPPERONS TEINTS
4 à 6 = YOYOS
7 à 10 = BOUTONS RECOUVERTS DE TISSU
11 et 12 = CERCLES DE TISSU

Réalisation

Agrandir le patron du sac à la photocopieuse ou le dessiner à grandeur. Le découper. Teindre le napperon de 20 cm en Rose (1) et celui de 12 cm en Jaune (2) en suivant le mode d'emploi. Garder celui de 15 cm tel quel (3).
Yoyos : couper 2 cercles de 21 cm de diamètre (4 et 5) et 1 de 11 cm (6) dans les chutes de tissus. Plier vers l'envers un rentré de 0,5 cm. Passer un point avant tout autour, près du bord. Tirer pour froncer. Arrêter solidement.
Recouvrir les boutons de tissu (7 à 10). Couper un cercle de tissu à pois de 18 cm (11) et un disque rouge de 15 cm (12). Bâtir vers l'envers un rentré de 1 cm autour de 11. Garder les bords de 12 vifs. Couper deux fois la face du sac dans le drap et la doublure, puis dans un tissu à pois : 2 bandes de 7 x 90 cm pour les anses et 2 de 7 x 22 cm pour border le haut du sac. Coudre les garnitures sur une seule face du sac en suivant le schéma. Broder le contour de 11 au point de chaînette. Piquer endroit contre endroit les deux faces du sac et les deux faces de la doublure. Plier chaque sac de manière à amener une couture de côté sur la couture du fond. Piquer perpendiculairement à 3,5 cm de la pointe pour former un fond de 7 cm de large. Faire le même travail avec l'autre côté et la doublure. Glisser les deux sacs l'un dans l'autre, envers contre envers. Bâtir les hauts ensemble. Repasser vers l'envers un rentré de 1 cm sur les bandes à pois, puis plier en deux envers contre envers. Piquer les bordures à cheval sur le haut de chaque face. Fermer les anses en rond en piquant les extrémités l'une sur l'autre, puis piquer à cheval sur les bords arrondis en alignant la couture sur celle des côtés. Surpiquer chaque bord de la bordure et des anses.

Sac doublé de toile cirée avec trousse assortie

Fournitures

Cabas : 50 cm de toile cirée • 70 x 140 cm de cotonnade à grosse trame • 70 cm de toile thermocollante extra-forte • 100 x 140 cm de doublure • 1 grosse fermeture à glissière plastique de 60 cm • 20 cm de ruban de couleur vive • 1 bobine de fil assorti • 15 x 64 cm de carton rigide

Pochette porte-clefs : chute de toile cirée • 1 fermeture à glissière de 15 cm • 50 cm de ruban assorti

Trousse : chute de toile cirée • 1 fermeture à glissière de 25 cm • 10 cm de ruban assorti

Réalisation

En suivant les schémas, couper les pièces dans le tissu, la toile cirée et la doublure en ajoutant 7 mm tout autour pour les coutures.

Pochette porte-clefs

Piquer la fermeture à glissière entre les 2 parties, l'ouvrir. Retourner les 2 parties endroit contre endroit. Piquer les 3 côtés en prenant le ruban dans une des coutures de côté. Retourner.

Cabas

Entoiler les devants, le dos et les côtés de toile. Surfiler la poche plaquée. Ourler le haut. Repasser un rentré de 7 mm tout autour. Épingler puis piquer en place sur un devant de tissu. Superposer endroit contre endroit les rabats de tissu et de toile cirée. Piquer sur 3 côtés, retourner. Écraser les coutures au fer à repasser, côté tissu. Plier les bords vifs ensemble vers le tissu. Piquer au-dessus de la poche. Plier les bandes des anses endroit contre endroit. Piquer les longueurs. Retourner. Repasser en plaçant la couture au milieu du dessous. Plier un rentré à chaque extrémité puis piquer en place. Piquer la fermeture à glissière entre les 2 parties du dessus. Piquer endroit contre endroit : le devant et le dos puis les côtés au fond. Redresser toutes ces parties pour piquer les côtés et former ainsi un sac. Ouvrir en partie la fermeture à glissière puis piquer le dessus au sac. Écraser les coutures au fer sur les parties en tissu. Retourner le cabas.

NOKIA

Sac doublé de toile cirée *(suite)*

Doublure

Piquer endroit contre endroit les côtés au devant et au dos puis au fond. Épingler le ruban du porte-clefs sur le haut de la doublure. Repasser vers l'envers un rentré de 7 mm sur une longueur de chaque morceau du dessus. Piquer les bords non repassés au sac de doublure en prenant le ruban dans la couture. Glisser la doublure dans le sac, envers contre envers. Épingler sur les rubans de la fermeture à glissière, coudre à points glissés. Glisser le carton dans le fond du sac après l'avoir recouvert de tissu ou de toile cirée. Nouer les 20 cm de ruban dans le curseur de la fermeture à glissière. Dans les chutes de toile cirée, découper quelques bouquets de fleurs. Les coller sur la poche plaquée et sur le sac.

Trousse

Piquer la fermeture à glissière entre les 2 parties. L'ouvrir. Poser avant et arrière endroit contre endroit. Piquer les côtés et le fond. Fermer les angles. Retourner. Nouer le ruban dans le curseur de la fermeture à glissière.

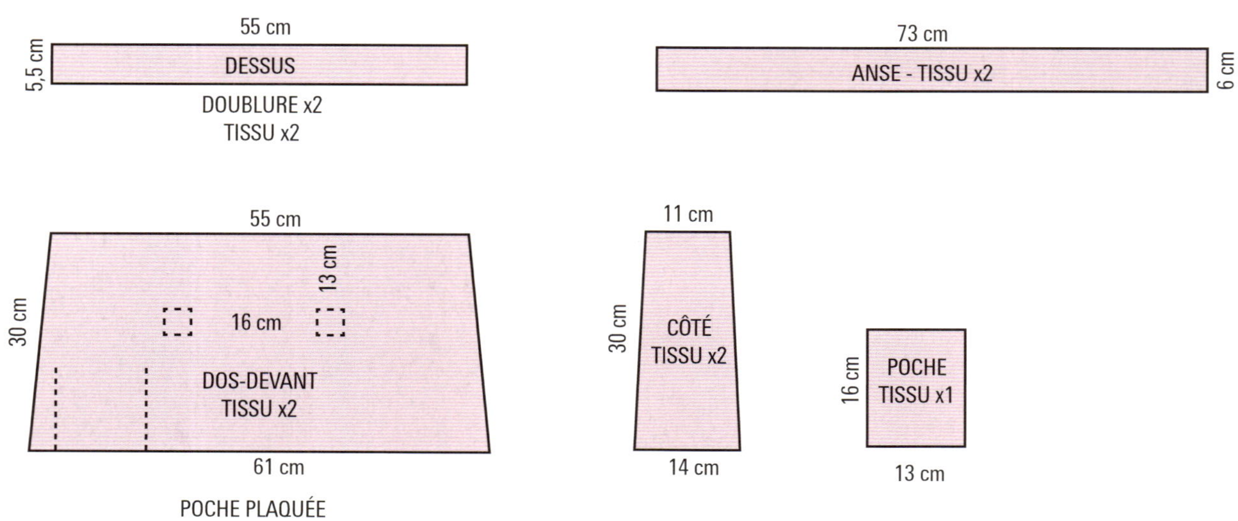

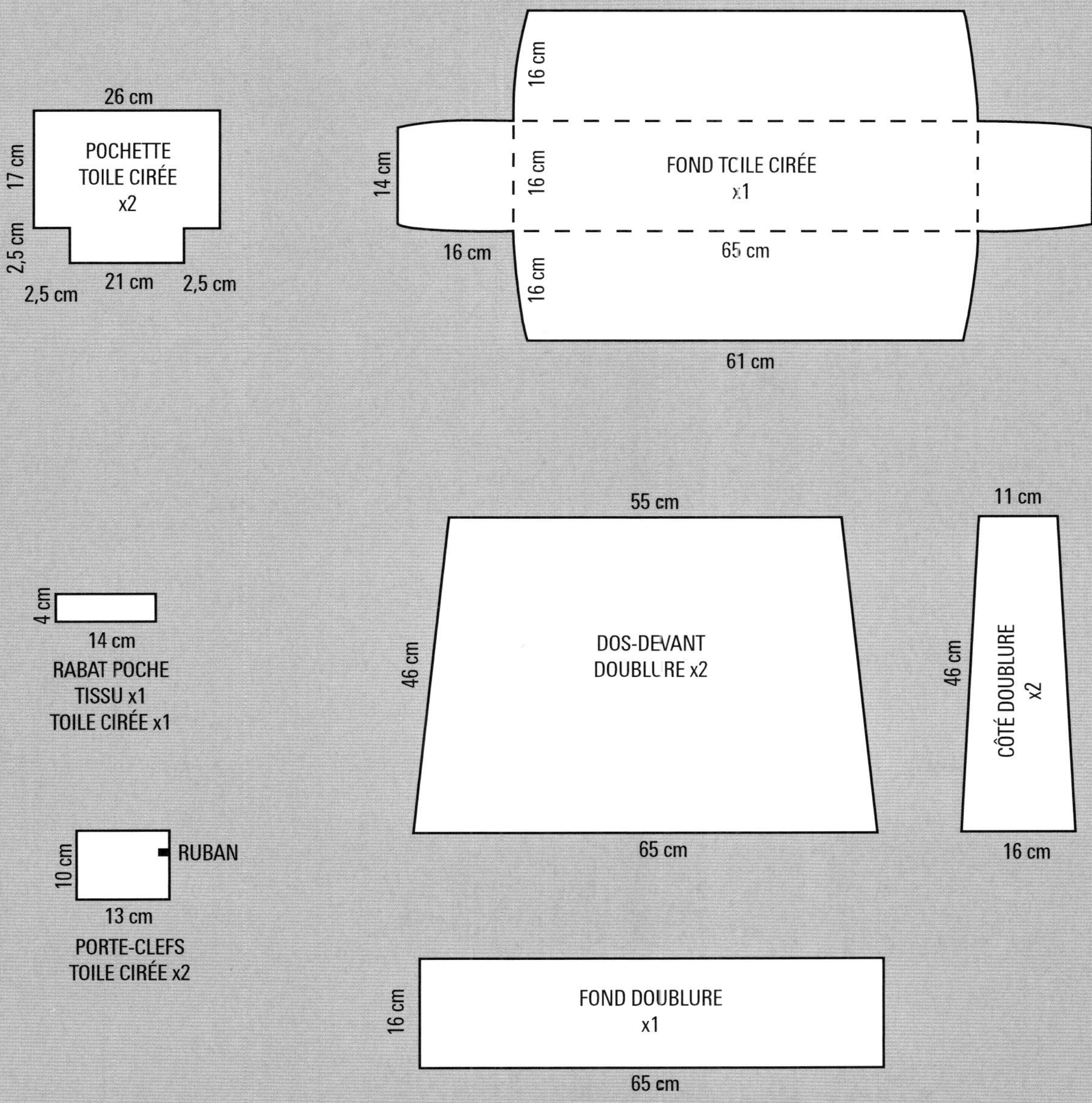
26 cm
POCHETTE
TOILE CIRÉE
x2
17 cm
2,5 cm
2,5 cm
21 cm
2,5 cm
16 cm
14 cm
16 cm
FOND TOILE CIRÉE
x1
16 cm
16 cm
65 cm
16 cm
61 cm
4 cm
14 cm
RABAT POCHE
TISSU x1
TOILE CIRÉE x1
10 cm
RUBAN
13 cm
PORTE-CLEFS
TOILE CIRÉE x2
55 cm
46 cm
DOS-DEVANT
DOUBLURE x2
65 cm
11 cm
46 cm
CÔTÉ DOUBLURE
x2
16 cm
16 cm
FOND DOUBLURE
x1
65 cm

Sac aux papillons

Fournitures

50 cm de toile de lin naturel en 150 cm de large • 2 carrés de satin vert de 30 x 30 cm (doublure) • 2 m de ganse à chapeau verte de 4 cm de large • Laiton de 0,4 mm • Voile thermocollant double face • Mouliné DMC : Verts 165, 732, 166, Jaune 307, Roses 309, 956, Brun 3371 • Fils à coudre assortis aux tissus • Papier calque • Papier carbone • 75 cm de grosse cordelière • 3 grosses perles et 24 petites

Réalisation

Reproduire le schéma du sac à grandeur. Découper pour obtenir un patron. Découper 2 fois dans le lin et dans le satin en posant le milieu sur la pliure du tissu et en ajoutant 1 cm de couture tout autour sauf en haut. Reporter l'emplacement des pinces sur chaque morceau. Pour border le haut du sac, couper une bande de lin de 37 x 8 cm.

Décalquer le schéma des ailes à grandeur puis reporter chacune 2 fois sur le lin (en vis-à-vis). Broder avec 2 brins de Mouliné (sauf indications contraires) en suivant les indications sur les schémas : remplir les grandes surfaces au passé empiétant, passé plat ou point de tige. Ajouter les nervures et les petites taches. Quand l'aile est entièrement brodée, poser du laiton sur les contours et le cacher par un point de feston par-dessus. Dessiner la forme des ailes sur le papier du voile thermocollant. Découper largement. Appliquer sur un morceau de toile. Enlever le papier puis appliquer sur l'envers des ailes. Couper à ras. Mettre les ailes de côté.

Confectionner le sac

Décalquer les corps des papillons à grandeur. Les reporter sur une face de lin à l'aide du carbone (voir photo pour placement). Broder au passé plat avec 2 brins 3371. Broder les antennes au point de tige et point de nœud avec 1 seul brin.

Couper 2 morceaux de ganse de 45 cm. Plier une des extrémités en pointe puis thermocoller les 2 morceaux l'un sur l'autre. Épingler le bas de la ganse sur l'endroit d'une face de lin, en bas au milieu en alignant le bord du sac et de la ganse. Piquer l'autre face de lin endroit contre endroit par-dessus. Retourner. Coudre les ailes de chaque côté des corps en les croisant légèrement. Assembler de la même façon les 2 faces de doublure. La glisser envers contre envers dans le sac.

Sac aux papillons *(suite)*

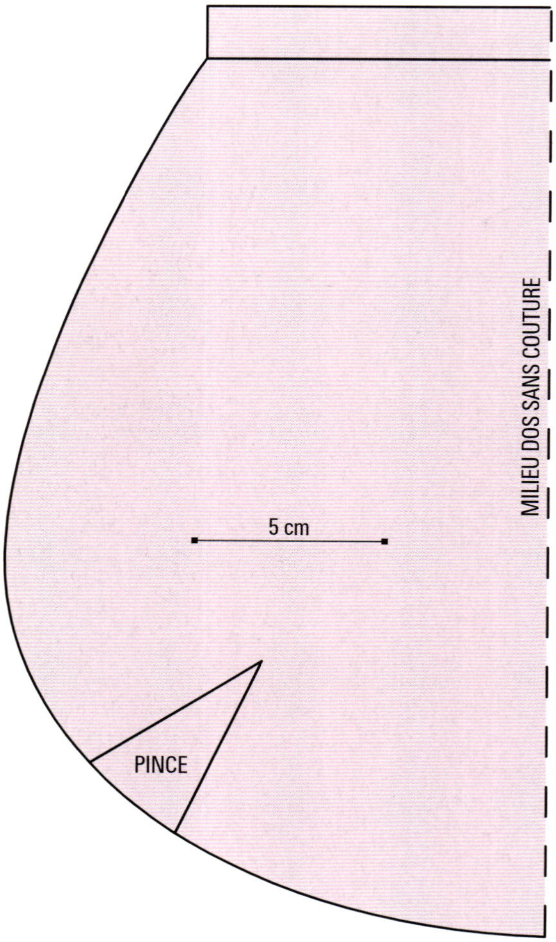

Fermer la bordure en rond en piquant les bords de 8 cm l'un sur l'autre à 1 cm. Repasser un rentré de 1 cm sur chaque bord puis plier en 2 envers contre envers et repasser. Glisser la bordure endroit contre endroit sur le haut du sac. Piquer. Retourner sur l'envers et coudre à points solides.
Coudre solidement la ganse autour de la cordelière. Glisser les extrémités à l'intérieur du sac, sur les coutures, sur 5 cm. Coudre solidement sur les coutures. Pincer le haut du sac autour de l'anse, faire quelques points solides.
Garnir la pointe de la ganse et le haut des coutures de côté de perles : sortir l'aiguille sur l'endroit, enfiler une grosse perle et 4 petites, repasser dans les 4 premières perles. Piquer dans le tissu puis recommencer une fois. Arrêter solidement. La ganse perlée est simplement rabattue par-dessus le haut du sac.

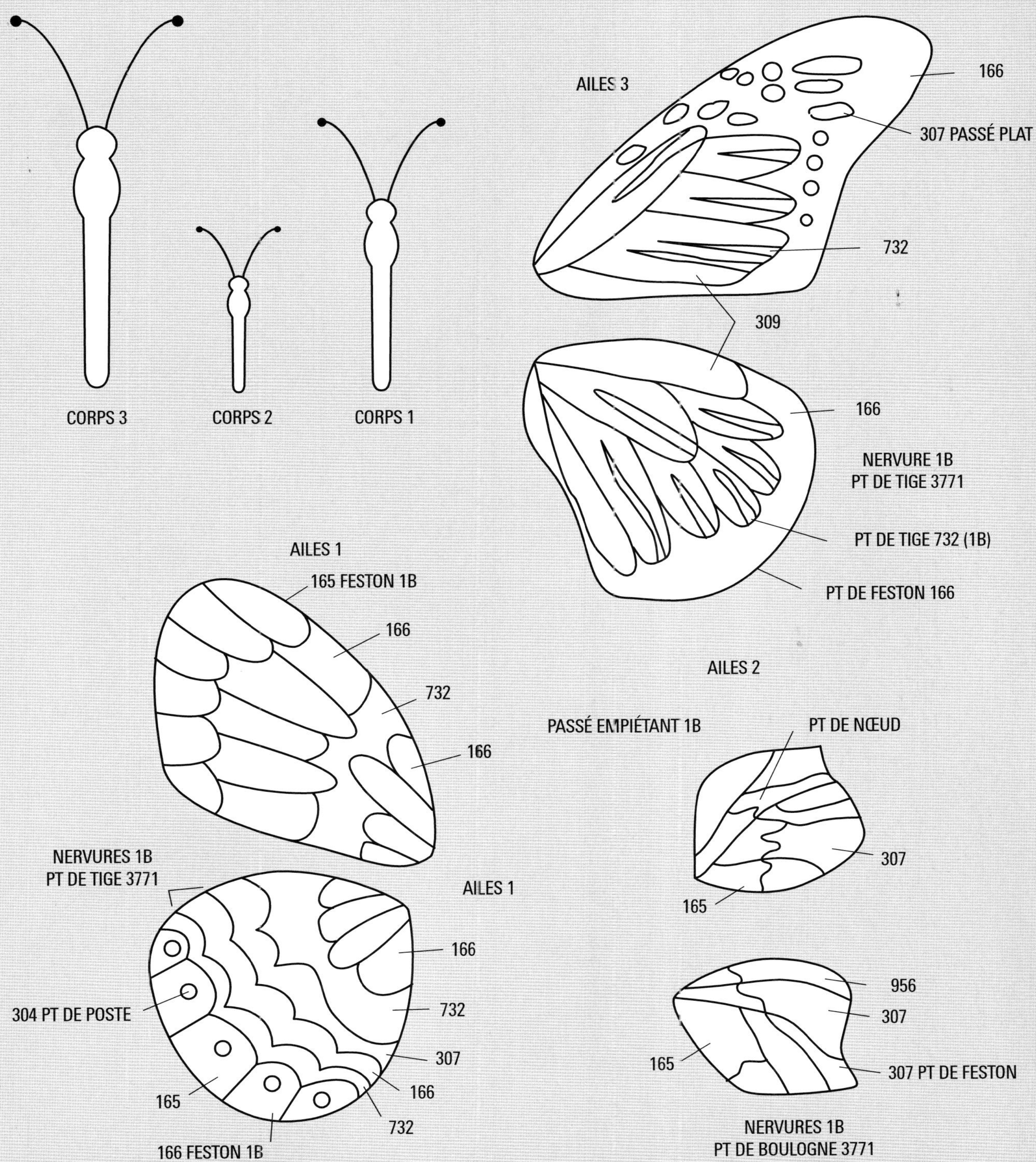
CORPS 3
CORPS 2
CORPS 1
AILES 3
166
307 PASSÉ PLAT
732
309
166
NERVURE 1B
PT DE TIGE 3771
PT DE TIGE 732 (1B)
PT DE FESTON 166
AILES 1
165 FESTON 1B
166
732
166
NERVURES 1B
PT DE TIGE 3771
AILES 1
166
304 PT DE POSTE
732
307
166
165
732
166 FESTON 1B
AILES 2
PASSÉ EMPIÉTANT 1B
PT DE NŒUD
307
165
956
307
165
307 PT DE FESTON
NERVURES 1B
PT DE BOULOGNE 3771

Sac à galons

Fournitures

Tissu imitation cuir : un rectangle de 32 x 26 cm, 1 de 80 x 11 cm et 1 de 32 x 50 cm • 76 cm de gros grain • 30 cm de différents galons, perles en bois, pompon en fourrure, coquillages, liens de cuir • 120 cm de galon épais pour la bandoulière • 1 grosse aiguille • Fils à coudre assortis

Réalisation

Épingler la bande de faux cuir, endroit contre endroit, sur 3 côtés du petit rectangle. Piquer à 1 cm. Faire le même travail avec le grand rectangle. L'excédent forme le rabat. Arrondir les angles aux ciseaux puis piquer un rentré de 1 cm tout autour du rabat. Piquer les galons en place (voir photo). Épingler la bandoulière de chaque côté, en croisant sur 4 cm. Piquer en rectangle puis en diagonale. Coudre un gros bouton sur le devant avec un lien de cuir. Coudre 3 liens de cuir de différentes longueurs, sur l'envers au milieu du rabat. Enfiler perles, pompon, coquillages sur ces liens. Fixer d'autres liens également garnis sur le côté du sac.

Pliages japonais

Fournitures

Des « furoshiki ». À défaut d'utiliser ces foulards carrés, couper des morceaux de tissu imprimé de mêmes dimensions puis effranger ou ourler les bords

Réalisation

Le furoshiki est l'art japonais d'emballer les objets pour les transporter mais le mot désigne également le foulard carré qui sert à emballer.

Le furoshiki existe en 4 tailles : le petit (45 x 45 cm ou 50 x 50 cm), le moyen (68 x 68 cm ou 75 x 75 cm), le grand (90 x 90 cm ou 105 x 105 cm) et le géant (au-delà de 175 x 175 cm).

Le format moyen est le plus souvent utilisé pour emballer les cadeaux, en tissu brillant, souvent avec des motifs fleuris et des reflets dorés.

Réaliser les emballages en suivant les schémas.

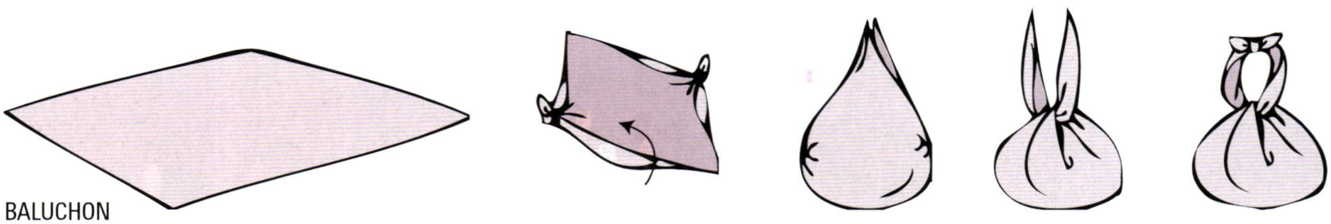

BALUCHON

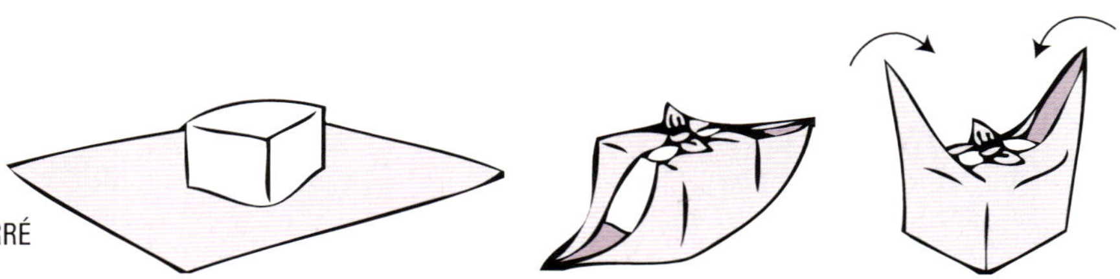

PAQUET CARRÉ

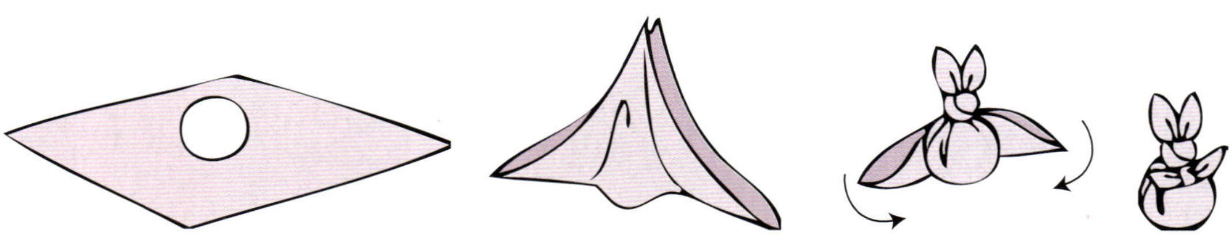

LAPIN

Madame Chacha
La boutiquette au goût de châtaigne
1 an déjà !
et grands enfants
Comtesse de Ségur Un bon petit diable
Comtesse de Ségur Les vacances
Roald Dahl James et la grosse pêche
PAULINE
Luna

Sac de voyage en tweed

Dimensions

55 cm de large x 40 cm de haut

Fournitures

Tous les tissus sont en 1,40 m de large : 0,80 m de tweed • 0,50 m de tissu fleuri • 1,10 m de doublure et de molleton (2 mm d'épaisseur) • 1,10 m de toile thermocollante • 1 fermeture à glissière de 70 cm • 1 bouton de 3 mm de diamètre • 30 cm de lien de cuir • Fil à coudre solide

Réalisation

En suivant les schémas, couper toutes les pièces dans les tissus choisis. Les coutures de 1 cm sont comprises dans les mesures.
Appliquer la toile thermocollante sur l'envers de tous les morceaux.
Poser chaque morceau, sauf les anses, sur le morceau de molleton correspondant. Piquer les contours.
Pour chaque anse, avec des chutes de molleton, faire un boudin de 3 cm de diamètre et 40 cm de long. Enrouler le tissu fleuri bien serré autour et coudre à points de surjets. Le dernier cm de chaque extrémité ne contient pas de molleton.
Piquer la poche et sa doublure endroit contre endroit par la piqûre du haut. Retourner. Piquer un point zigzag sur chaque hauteur. Piquer la poche sur une face du sac.

Sac de voyage en tweed *(suite)*

Sac extérieur (tweed et fleurs)

Poser les 2 parties de la tranche du dessus bord à bord, maintenir par quelques épingles ou un bâti. Piquer A avec A de la tranche du dessous et B avec B. Piquer endroit contre endroit autour des faces en faisant correspondre le milieu de chaque tranche avec le milieu du haut ou du bas, et en prenant les extrémités des anses dans les coutures.

Doublure

Même travail sans les anses. Enlever épingles ou bâtis.

Glisser la doublure envers contre envers dans le sac. Réunir doublure et sac par un zigzag sur les bords de la tranche du dessus. Bâtir puis piquer la glissière sous les bords.

Garnir le curseur de la glissière de 15 cm de lacet de cuir. Coudre le reste au-dessus de la poche pour former une bride de boutonnage. Coudre le bouton sur la poche.

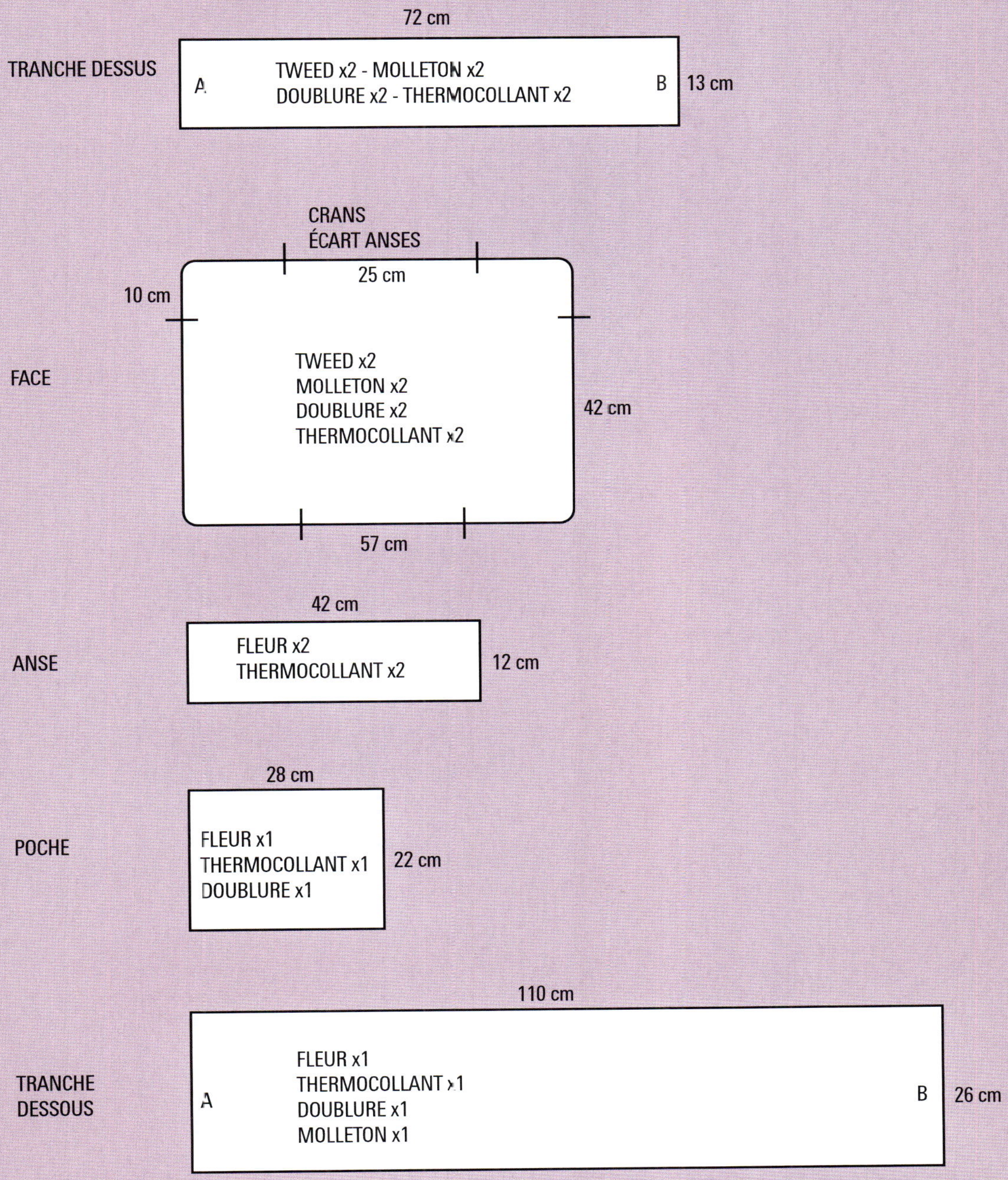
72 cm
TRANCHE DESSUS
A
TWEED x2 - MOLLETON x2
DOUBLURE x2 - THERMOCOLLANT x2
B
13 cm
CRANS
ÉCART ANSES
25 cm
10 cm
FACE
TWEED x2
MOLLETON x2
DOUBLURE x2
THERMOCOLLANT x2
42 cm
57 cm
42 cm
ANSE
FLEUR x2
THERMOCOLLANT x2
12 cm
28 cm
POCHE
FLEUR x1
THERMOCOLLANT x1
DOUBLURE x1
22 cm
110 cm
TRANCHE
DESSOUS
A
FLEUR x1
THERMOCOLLANT x1
DOUBLURE x1
MOLLETON x1
B
26 cm

Sac en toile de Jouy avec pochette assortie

Fournitures

Chutes de toile de Jouy • Cotonnade unie pour la doublure : 1,20 x 1,20 m pour le sac et 30 x 25 cm pour la pochette • Fils à coudre assortis • Galons : 80 cm de 3 galons différents pour le sac, 30 cm de 4 galons + 1,20 m pour la pochette • Capsules de teinture Dylon à chaud : Indian corn, Olive green, Windsor purple, Beige • Peinture texticolor opaque de Sennelier (Rougier & Plé) : Rouge foncé • Pinceau • Petites perles • 1 carton fort de 9 x 36 cm

Réalisation sac

En suivant le schéma, couper les différents morceaux – A x 2, D x 2, C x 2 et B x 1 – en ajoutant 1 cm autour pour les coutures. Couper également 2 bandes de 6 x 60 cm pour les poignées. Teindre les pièces A (et les poignées) dans un mélange de Indian corn et Olive green à parts égales, la pièce B en changeant les proportions du mélange, les 2 bandes C en Windsor purple. Laisser sécher et repasser.

Assembler les morceaux par des piqûres endroit contre endroit à 1 cm des bords. Ouvrir les coutures au fer. Surpiquer C. Coudre les galons sur A. Peindre les fleurs à main levée en Rouge foncé en suivant les schémas.

Confectionner le sac en fermant les angles par des coutures endroit contre endroit.

Repasser un rentré de 1 cm sur chaque longueur des poignées, plier envers contre envers. Piquer la longueur.

Dans la cotonnade, couper la doublure en un seul morceau. Fermer les angles. Repasser un rentré de 1 cm en haut de chaque sac. Glisser les 2 sacs l'un dans l'autre, envers contre envers. Glisser les extrémités des poignées entre les 2, espacées de 24 cm. Piquer le haut du sac. Glisser le carton dans le fond.

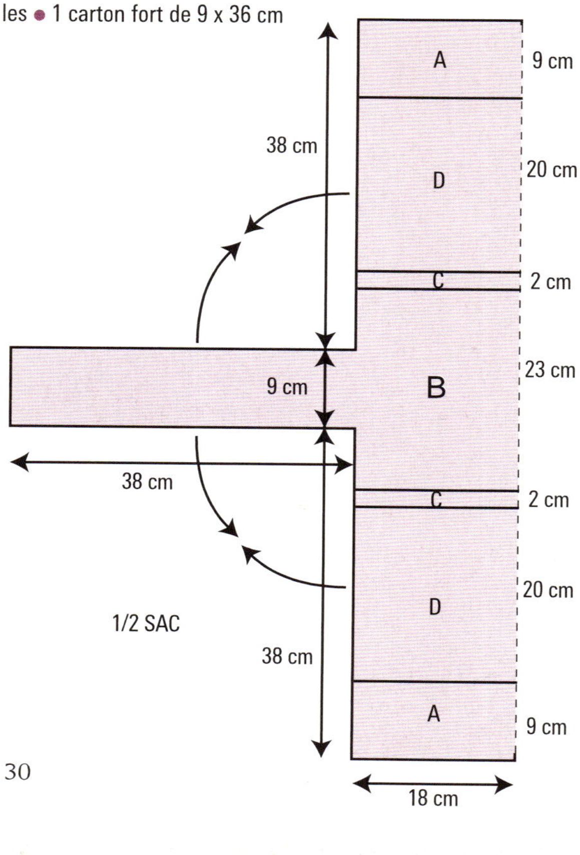

Sac en toile de Jouy *(suite)*

Réalisation pochette

Confectionner séparément la pochette en toile de Jouy et en doublure comme le sac. Coudre les galons.

Piquer les 2 faces endroit contre endroit, toile de Jouy et doublure. Repasser un rentré de 1 cm en haut. Glisser les 2 pochettes l'une dans l'autre, envers contre envers. Glisser les extrémités du galon entre les 2, à l'aplomb des coutures. Fermer le haut à la main.

Pour garnir le bas, plier le dernier galon en 2 (= 15 cm). Réunir les 2 bords par 2 ou 3 petits points, enfiler des perles sur 2,5 cm, revenir au ruban à travers les perles, faire quelques points avant de commencer une nouvelle frange… Coudre en bas de la pochette.

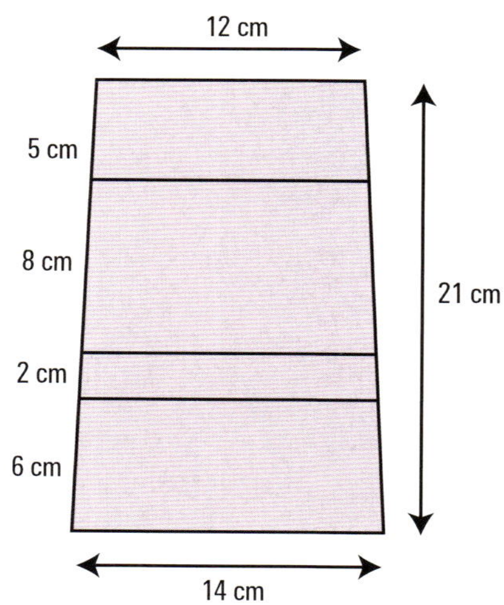

POCHETTE

MOTIFS À GRANDEUR

Sac et pochette graphiques

Dimensions

Sac : 33 x 33 cm ; pochette : 24 x 28 cm

Fournitures

1 m de coton épais mauve • Pour les motifs et la doublure : 30 cm de cotonnade bleue, violette, mauve, 60 cm bordeaux • Mouliné DMC, dégradé 95 • 1 aiguille à broder • Épingles • Toile thermocollante souple et fine • 80 cm de ruban violet • 50 perles bleues • Fil à coudre et fil à bâtir • Compas

Réalisation sac

Pour le sac, couper 3 rectangles mauves de 35 x 10 cm (fond et côtés) et 2 carrés de 35 cm de côté (faces avant et arrière). Pour les anses couper 2 rectangles bordeaux de 10 x 40 cm et pour la doublure les mêmes morceaux que pour le sac mais en cotonnade bordeaux.

Dessiner puis découper dans les cotonnades des cercles de 4, 6, 10 et 16 cm de diamètre. Appliquer de la toile thermocollante sur l'envers. Coudre des perles sur le tour d'un cercle puis les bâtir sur une face mauve. Broder avec 6 brins du Mouliné de 3 à 6 rangées de point de tige juxtaposées, moitié sur le cercle, moitié à l'extérieur. Repasser.

Toutes les coutures sont faites endroit contre endroit à 1 cm des bords.

Confectionner le sac et la doublure de la même façon : piquer le fond entre les faces puis piquer les extrémités au fond et entre les faces. Repasser un rentré de 1 cm en haut de chaque face. Glisser sac et doublure l'un dans l'autre, endroit contre endroit.

Préparer les poignées : repasser un rentré de 1 cm sur chaque longueur puis les plier envers contre envers. Piquer les 2 longueurs. Glisser les poignées entre les 2 sacs. Piquer le tour à 1 cm du haut en laissant une ouverture de 10 cm. Retourner. Fermer l'ouverture à la main.

Réalisation pochette

Couper 2 rectangles bleus de 28 x 26 cm et 2 rectangles violets de 30 x 26 cm. Dessiner puis découper dans les cotonnades des cercles de 4, 6, 10 et 16 cm de diamètre. Appliquer et broder comme pour le sac.

Piquer les 2 rectangles bleus endroit contre endroit en laissant un bord de 26 cm ouvert. Faire le même travail avec les 2 rectangles violets. Glisser les 2 sacs l'un dans l'autre, endroit contre endroit. Piquer le haut en laissant une ouverture de 5 cm. Retourner. Fermer l'ouverture à la main. Repasser en laissant dépasser 2 cm violets en haut du sac bleu. Surpiquer au niveau de la couture d'assemblage. À l'aide d'une grosse aiguille, glisser le ruban dans la coulisse. Coudre environ 15 perles sur chaque extrémité du ruban.

Sac écossais noir et blanc

Fournitures

2,10 m de flanelle gris foncé en 1,50 m de large • 1 m de lainage motif à carreaux en 1,40 m de large • 20 cm de lainage motif à chevrons • 1,50 m d'entoilage thermocollant en 90 cm de large • 4,65 m de sangle noire de 3 cm de large • 4,65 cm de ruban à rivets de 2 cm de large • 2,50 m de ruban Alcantara noir de 2,5 cm de large • 2 boucles et 4 épingles de kilt • 1 anneau • 1 mousqueton • 1 pression • 1 crayon tailleur rouge ou bleu • Ciseaux • Épingles • Aiguilles • Fil à bâtir • Fil à coudre

Réalisation

Il est composé de deux sacs séparables.

Agrandir le patron du sac. Couper et entoiler 4 rectangles de 44 x 36 cm de lainage à carreaux. Sur l'entoilage, reporter au crayon le tracé du sac et les repères des petits plis. Couper à 2 cm du tracé (valeur de couture). Couper et entoiler 2 bandes de 100 x 18 cm de flanelle grise. Sur l'entoilage, dessiner un tracé à 2 cm des bords sur toute la longueur et à 2,5 cm des extrémités.

Appliquer le ruban à rivets au milieu de la sangle avec le pied spécial pour fermeture à glissière.

Sac avec poignées

Bâtir les 4 plis de chaque face du sac. Couper 2 fois 45 cm de sangle et les coudre sur une face du sac (devant) en arrêtant la couture à 5 cm du haut.

Couper 1,25 m de sangle et la coudre sur la 2e face du sac (dos) en formant une poignée.

Couper 50 cm de sangle, faire un trou à 5 cm de chaque extrémité, passer les boucles et les coudre. Fixer cette poignée à boucles sur les bouts libres des sangles.

Sur la face avant, à 19 cm du haut, faire une boutonnière de 1,5 cm. Plier 40 cm de ruban Alcantara en 2, glisser la pliure dans la boutonnière et coudre.

Pour faire le rabat : couper dans les tissus à chevrons et à carreaux un carré de 22 cm. Depuis le milieu de deux côtés opposés, biaiser sur 2 cm pour que le bas ne mesure plus que 18 cm. Plier 4 cm de ruban Alcantara autour de l'anneau. Épingler cette patte au milieu du bas du rabat. Superposer les 2 rabats endroit contre endroit en enfermant l'anneau entre les épaisseurs. Piquer les côtés et le bas à 2 cm du bord. Retourner le rabat sur l'endroit. Bâtir le haut du rabat sur le haut du dos du sac.

Sac écossais noir et blanc *(suite)*

Poches : dans le tissu à chevrons, couper 2 rectangles de 14 x 20 cm. Plier 2 cm tout autour et piquer l'ourlet du haut. Placer chaque poche au milieu de la largeur de la bande de flanelle et à 8 cm de chaque extrémité. Piquer les côtés et le fond à 0,5 cm des bords.
Montage : piquer les 2 faces du sac sur la bande de flanelle endroit contre endroit. Au-dessus de chaque poche et au milieu, bâtir 50 cm de ruban en glissant un mousqueton sur l'un d'eux. Piquer les rubans.

Deuxième sac

Bâtir les 4 plis de chaque côté du sac.
Couper 4 fois 40 cm de sangle. Les coudre sur les 2 faces du sac en arrêtant les coutures à 5 cm du haut.
Piquer chaque face du sac sur la bande de flanelle, endroit contre endroit. Au milieu de chaque extrémité de la bande de flanelle, bâtir 50 cm de ruban.
Après avoir piqué la doublure (lire ci-dessous), replier le haut des sangles sur 2 cm et piquer. Glisser une épingle de kilt dans chaque boucle ainsi formée. Fermer le sac en cousant une pression à l'intérieur, au milieu.
Doublures : dans la flanelle, couper 4 rectangles de 44 x 36 cm et 2 bandes de 100 x 18 cm.
Reporter le patron du sac sur l'envers des rectangles. Couper à 2 cm des tracés. Sur l'envers des bandes, faire un tracé à 2 cm des bords sur toute la longueur et à 2,5 cm des extrémités. Piquer les côtés du sac sur les bandes endroit contre endroit (2 fois). Placer chaque doublure dans chaque sac, envers contre envers. Plier le haut du sac et de la doublure en suivant le tracé de crayon. Assembler les 2 épaisseurs au bâti, puis faire 2 piqûres espacées de 2 cm.

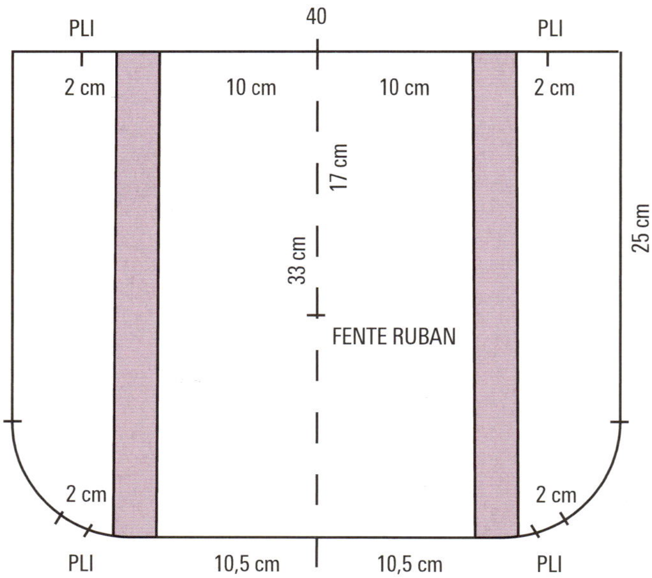

Cabas sympas

Cabas sympas

Toile de jute et fleurs géantes

Dimensions

32 x 30 cm

Fournitures

Toile de jute : 36 x 80 cm (sac), 2 fois 34 x 16 cm (côtés), 2 fois 65 x 9 cm (anses) • Fleurs • Sequins • Perles • Paillettes
Tissu fleuri : 34 x 74 cm et 2 fois 14 x 32 cm pour la doublure • Fil à coudre

Réalisation

Franger les 2 bords de 36 cm de la toile de jute et un bord de 16 cm des côtés en tirant les fils sur 4 cm. Plier le sac pour le piquer autour des côtés, à 2 cm des bords. Surfiler les bords.
Confectionner la doublure de la même façon mais en piquant à 1 cm des bords. Repasser un rentré de 1 cm dans le haut. Glisser la doublure envers contre envers dans le sac.
Confectionner les anses : repasser 1 cm vers l'envers sur chaque longueur. Plier envers contre envers puis piquer le tour.
Glisser les extrémités des anses entre sac et doublure, à 7 cm des extrémités. Piquer le haut en fixant ainsi les anses.
Fixer les fleurs en cousant une perle au centre. Coudre les paillettes pour les tiges.

Sac fleurs fraîches

Fournitures

Jean : 62 x 42 cm de cotonnade (sac) + 2 bandes de 54 x 7 cm (anses) • Cotonnade blanche : 66 x 42 cm (doublure) • 110 x 2,5 cm de tresse de coton blanc de 1,5 cm de large • 2,40 m de croquet blanc et 50 cm de croquet bleu • Mouliné DMC, 1 échevette : Vert 913, Bleu 334, Jaune 726 et Blanc B5200 • Carbone blanc • Papier calque • 10 x 25 cm de carton blanc • Fil à coudre

Réalisation

Repasser un rentré de 1 cm tout autour du tissu bleu puis marquer les faces, le fond et les côtés au fer à repasser en suivant le schéma.
Décalquer les motifs puis à l'aide du carbone, les reporter sur une face du sac.
Broder les bleuets : tiges au point de tige, feuilles au point lancé avec de tout petits points bleus aux croisements.
Confectionner les bleuets : couper 4 morceaux de croquet bleu de 5 dents + 1/2 dent à chaque extrémité. Plier cette demi-dent vers l'envers puis rapprocher les pointes sur le bord inférieur pour former un demi-cercle. Épingler au-dessus de la base des fleurs puis fixer à petits points invisibles de fil bleu.
Broder les pistils : un point lancé bleu surmonté d'un petit point de nœud.
Confectionner les fleurs blanches : couper la même longueur de croquet blanc. Plier les demi-dents vers l'envers et les réunir par quelques points pour former un cercle. Maintenir les pointes centrales par quelques points de fil blanc. Coudre en place à petits points invisibles.
Broder les pistils : en partant du centre, faire un point lancé avec 2 brins 726 dans le creux des pétales avec un petit point de nœud en haut. Broder quelques points de poste au centre de chaque fleur. Broder les dernières feuilles au point de bouclette avec 3 brins verts.

Sac fleurs fraîches *(suite)*

Confection du sac extérieur

Plier le tissu endroit contre endroit pour piquer les hauteurs. Écraser le travail pour amener la couture du côté sur le milieu du fond puis piquer perpendiculairement à 5 cm de la pointe. Faire le même travail de l'autre côté.

Confectionner le sac de doublure de la même façon. Repasser un rentré de 1 cm en haut du sac bleu, de 2 cm en haut du sac blanc. Bâtir le reste du croquet blanc à l'intérieur du bord du sac bleu en laissant dépasser la moitié des dents. Glisser le sac blanc dans le sac bleu, envers contre envers, le sac blanc dépasse de 1 cm. Plier les anses endroit contre endroit. Piquer les longueurs. Retourner, glisser la tresse de coton dans les anses. Glisser les extrémités des anses entre les 2 épaisseurs en les espaçant de 12 cm. Fermer le haut par 2 piqûres parallèles. Glisser le carton dans le fond.

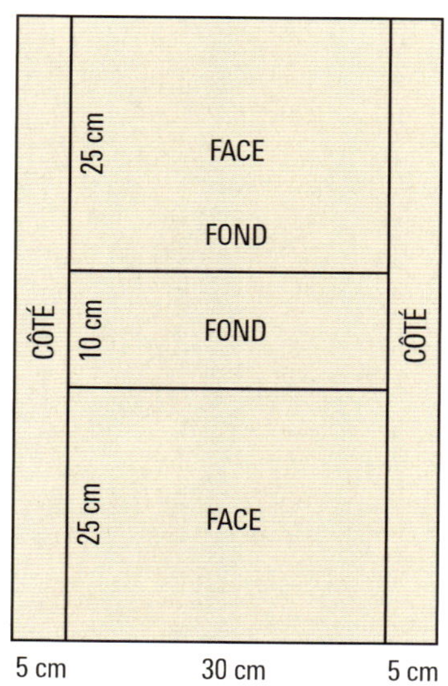

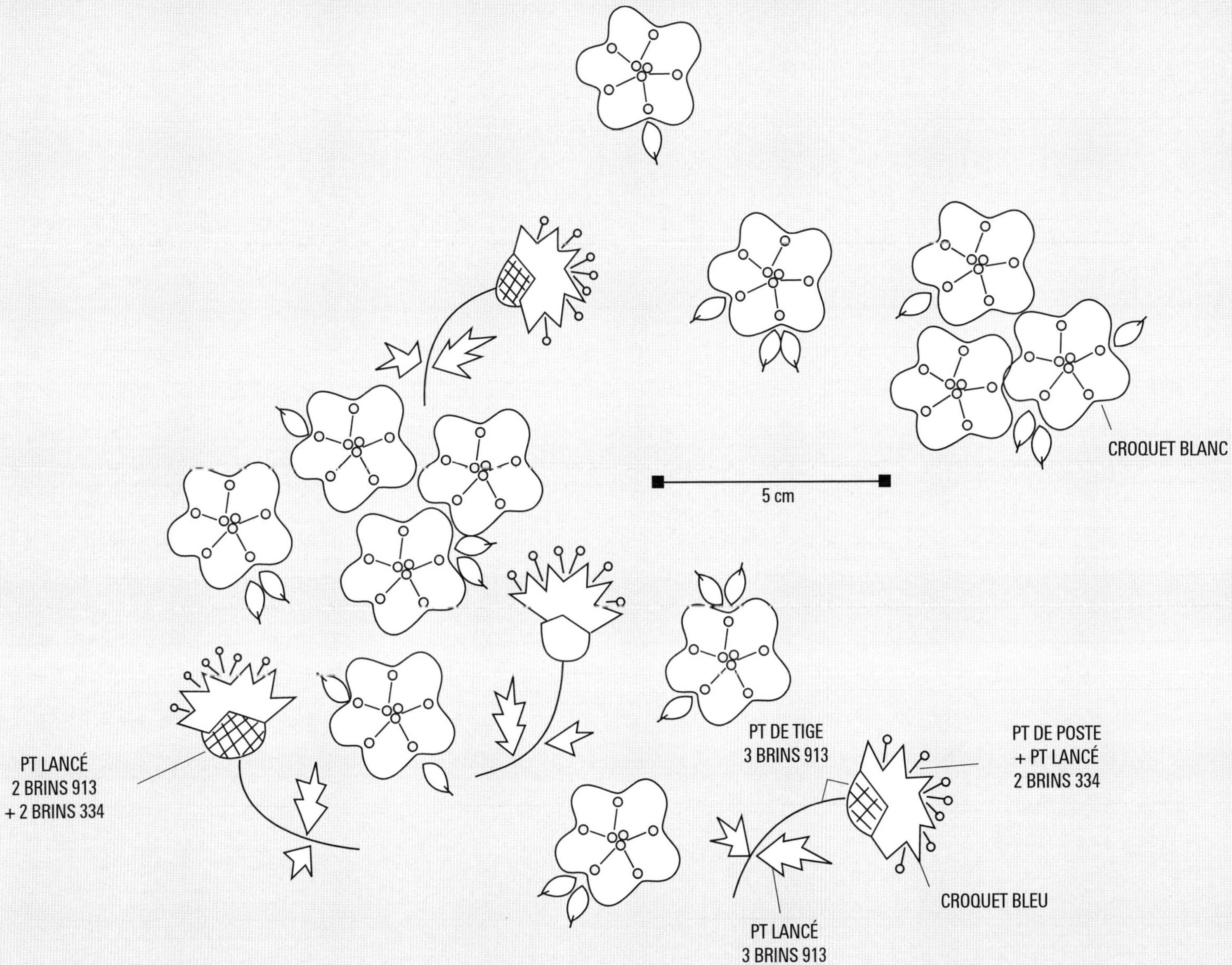
CROQUET BLANC
5 cm
PT DE TIGE
3 BRINS 913
PT DE POSTE
+ PT LANCÉ
2 BRINS 334
PT LANCÉ
2 BRINS 913
+ 2 BRINS 334
CROQUET BLEU
PT LANCÉ
3 BRINS 913

Cabas de saison

Dimensions

42 x 50 x 20 cm

Fournitures

40 cm en 150 cm de large de toile écrue à chevrons et de tissu à carreaux violine • 70 cm en 150 cm de large de tissu fin (doublure) • 1 m de sangle de 5 cm de large • 2,50 m de galon sergé coloris violine • Chutes de tissus • Une capsule de teinture à froid Dylon coloris Lie de vin • Ficelle de lin • Fil à coudre • Cotons à broder dans la gamme des violines • Un peu de ouatine • Colle à tissu • Papier carbone • Crayon de papier • Papier au format du motif • Calque • Ciseaux

Réalisation

Couper les différents morceaux du cabas et de la doublure en suivant les schémas et en ajoutant 1 cm tout autour pour les coutures. Piquer endroit contre endroit le haut en tissu à chevrons et le bas en tissu carreaux de chaque pièce.
Teindre les chutes de tissus. Agrandir le motif à la photocopieuse. Le poser sur une face du sac et reproduire le motif en place à l'aide du carbone pour faciliter les placements des différentes pièces. Reproduire séparément les feuilles et les ronds sur les tissus à l'aide du carbone. Découper.
Épingler les feuilles sur le cabas puis les appliquer en brodant le contour en variant les fils et les points. Broder les nervures. Une des feuilles est entièrement brodée au point avant sans application de tissu.
Former les grains de raisin : passer un fil à grands points tout autour du rond de tissu, resserrer, glisser de la ouatine à l'intérieur, arrêter.
Coller la ficelle sur les tiges. Coller les grains de raisins pour former les grappes.

Cabas de saison *(suite)*

Monter le cabas : piquer endroit contre endroit, le fond avec la face avant puis avec la face arrière, ajouter les côtés. Faire le même travail avec la doublure en laissant une ouverture de 30 cm dans le fond. Couper la sangle en deux morceaux de 50 cm. Piquer du ruban sergé au milieu. Coudre les deux sangles sur le devant et le dos du cabas. Glisser la doublure endroit contre endroit du cabas dans la doublure. Épingler puis piquer le haut. Retourner par l'ouverture. Fermer l'ouverture. Surpiquer le haut. Coller le galon restant tout autour sur la couture entre le tissu à chevrons et le tissu à carreaux.

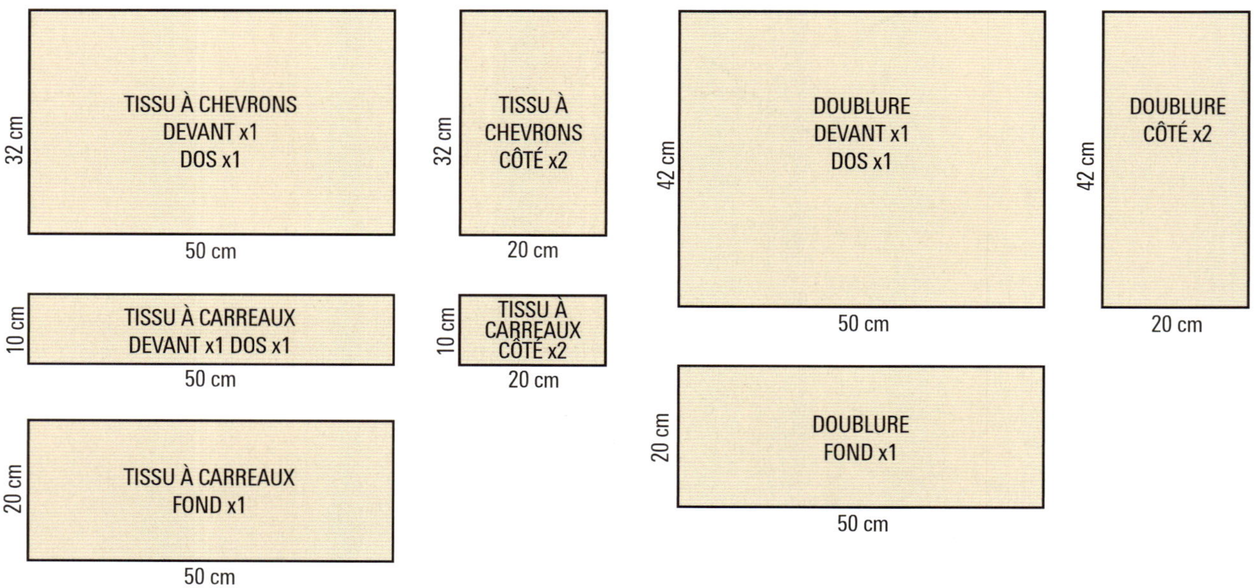

5 cm

Sac en tissu à fleurs doublé toile de jute

Fournitures

80 cm de toile de bâche écrue • Teinture Dylon Bleu porcelaine • 1 m de tissu d'ameublement à fleurs • Fil pour coutures solides

Réalisation

Teindre la toile de bâche en bleu. Sécher, repasser.

Couper dans la toile teinte : 94 x 60 cm (intérieur), 22 x 60 cm (fond) et 2 fois 10 x 68 cm (anses).

Couper dans le tissu fleuri : 88 x 60 cm (extérieur).

Bâtir l'extérieur envers contre envers de l'intérieur en centrant les milieux. Le tissu bleu dépasse à chaque extrémité de 3 cm, le plier vers le tissu fleuri en un double rentré de 1,5 cm. Piquer pour faire les ourlets des bords du sac.

Repasser un rentré de 1,5 cm sur les bords de 60 cm du fond, le piquer envers contre endroit sur le tissu fleuri, en le centrant. Plier l'ensemble endroit contre endroit. Piquer les hauteurs à 1,5 cm des bords. Surfiler. Retourner.

Remonter les angles inférieurs sur les coutures de côté. Piquer pour maintenir et former ainsi le fond (voir photo).

Plier un rentré de 1,5 cm tout autour de chaque anse, plier envers contre envers. Piquer le tour.

Épingler les anses sur le sac en croisant de 4 cm, à 18 cm des coutures de côté. Piquer un rectangle sur chaque extrémité de chaque anse puis en diagonale pour renforcer le montage.

Géranium passion

Dimensions

24 cm de haut x 32 cm de large x 18 cm de profondeur

Fournitures

70 cm de cotonnade écrue au tissage serré et de cotonnade rouge + chutes de cotonnade rose • Fils à coudre assortis • Perles rouges et perles roses

Réalisation

En suivant le schéma, couper un cabas écru et un cabas rouge en ajoutant 1 cm tout autour pour les coutures. Pour les poignées, couper 2 rectangles écrus et 2 rectangles rouges de 35 x 5 cm.

Confectionner séparément le sac écru et le sac rouge en fermant les angles par des piqûres endroit contre endroit à 1 cm des bords. Repasser vers l'envers un rentré de 0,5 cm sur la longueur de chaque poignée, poser une poignée rouge envers contre envers d'une poignée écrue. Piquer à ras de la pliure puis à 0,5 cm. Dans les chutes de tissu rouge et de tissu rose, couper une multitude de petites fleurs (voir schéma). Les épingler les unes à côté des autres sur le sac écru pour former des têtes de géranium puis les fixer en cousant une perle de même couleur au centre. Repasser vers l'envers un rentré de 1 cm en haut de chaque sac. Glisser le sac rouge dans le sac écru, envers contre envers. Glisser les extrémités des poignées entre les 2 épaisseurs, espacées de 12 cm. Piquer.

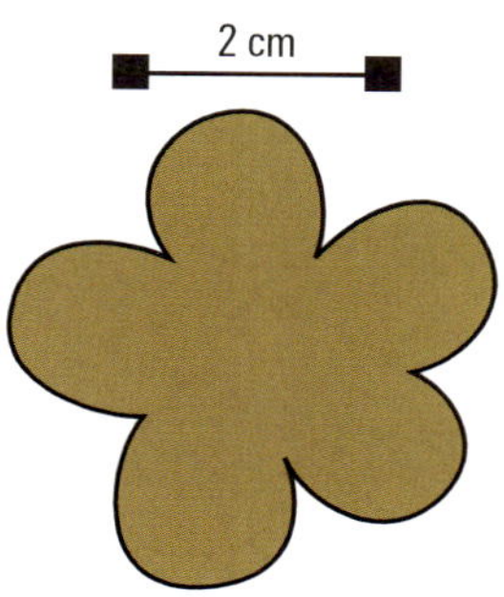

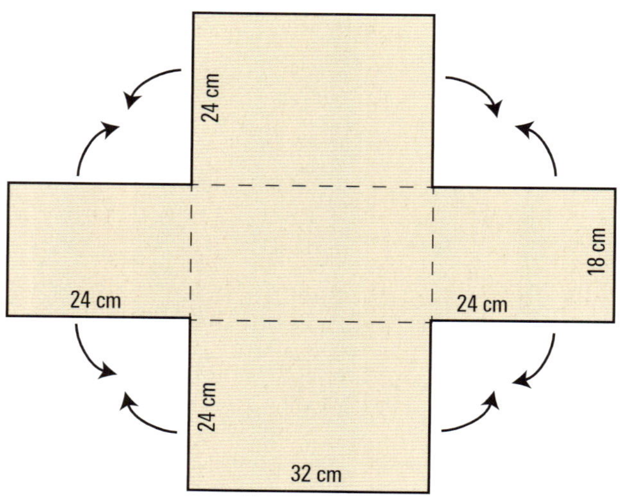

Cabas ours

Dimensions

50 x 38 cm

Fournitures

Une couverture militaire • 50 cm de toile épaisse en 140 cm de large pour la doublure • Une paire de poignées en cuir • Chutes de fausse fourrure, de lainage, boutons… • Fils à coudre assortis • 4 boutons pour les poignées

Réalisation

Couper les pièces du sac dans la couverture en suivant le schéma. Surfiler le tour de chaque pièce avec un fil assorti.

Agrandir les motifs des ours, découper pour obtenir les gabarits des têtes. Découper dans les fausses fourrures. Les coudre en place sur une face du sac en marquant la ligne des oreilles par une piqûre. Couper les pulls et la cravate dans des chutes de lainage. Les coudre en place. Appliquer ou broder le nez, coudre des boutons pour les yeux.

Piquer le fond envers contre envers à 0,7 cm des bords entre les deux faces. Ajouter les côtés de la même façon. Plier le haut vers l'envers et piquer. Couper 4 bandes de 3 x 16 cm dans la couverture, les plier autour de l'anneau des poignées puis les coudre solidement à l'intérieur du sac, sur le revers, en les espaçant de 18 cm.

Couper la doublure en supprimant les 6 cm du revers. Assembler de la même façon que le sac.

Glisser la doublure envers contre envers dans le sac. Plier un petit rentré dans le haut et coudre à points glissés sur le revers. Coudre 2 boutons sur chaque face à travers le sac et les bandes des poignées.

Cabas ours *(suite)*

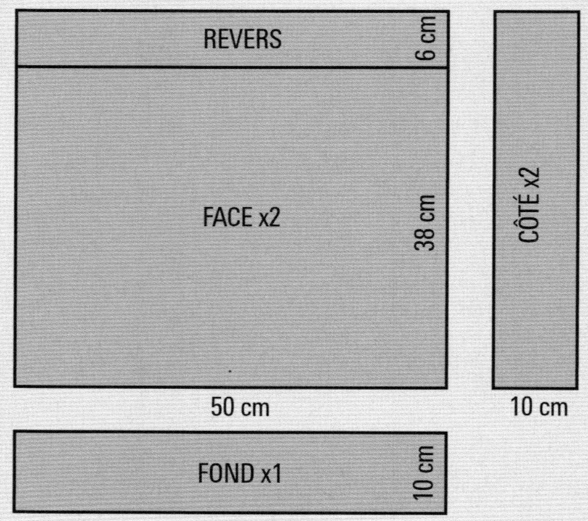

5 cm

Tout en un

Dimensions

Environ 38 cm de haut x 50 de large

Fournitures

Chutes de cotonnade • Toile thermocollante • 40 cm de cotonnade pour la doublure et le fond • 2 sangles de 4 cm de large et 160 cm de long • Fil à coudre

Réalisation

Agrandir le schéma de l'hexagone. Dessiner puis couper dans la toile thermocollante : 27 motifs entiers et 18 motifs partiels. Appliquer sur les cotonnades choisies. Couper à 1 cm.

Assembler les motifs en 3 rangées de 9 en piquant les bords contigus endroit contre endroit. Assembler les motifs coupés en 2 rangées de 9. Incruster les rangées les unes dans les autres puis ajouter les deux restantes en haut et en bas. Poser le patchwork sur la doublure pour découper un morceau de la même taille.

Fermer le patchwork en rond en assemblant les hauteurs. Aplatir le travail. Épingler une anse sur chaque face, espacées de 22 cm en laissant dépasser l'excédent en haut. Piquer les 2 bords en arrêtant à 3 cm du haut. Arrêter solidement.

Découper 2 fonds dans la doublure en ajoutant 1 cm tout autour. Épingler le patchwork endroit contre endroit autour d'un fond pour éventuellement le retailler et l'adapter au fond. Piquer. Piquer la doublure autour de l'autre fond. Glisser les sacs l'un dans l'autre, envers contre envers. Plier les rentrés de couture du haut entre les deux épaisseurs et coudre à points solides.

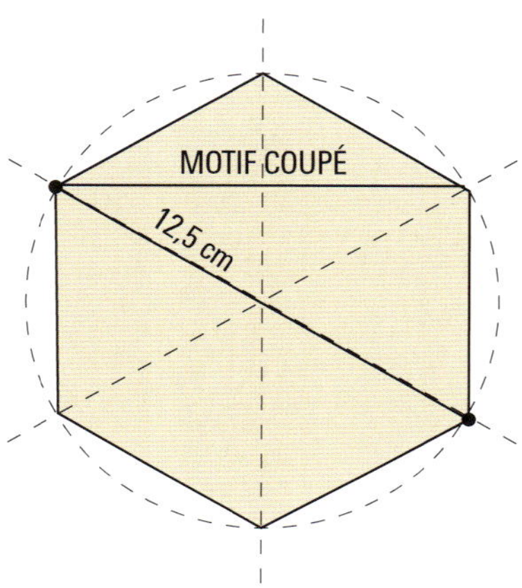

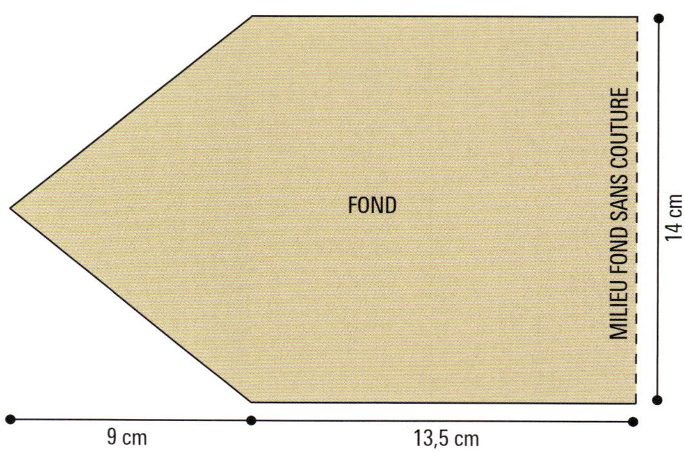

Cabas tourisme

Fournitures

Une couverture militaire • Photos de paysages et photos du chien • Ordinateur avec Photoshop • Anses en cuir • Fermeture à glissière de 40 cm • Fil de nylon fin • 4 m de biais de coton • 20 cm de lanière synthétique (pour maintenir le collier du chien) • Grigris • Carré de feutre blanc • 100 x 120 cm de skaï • Contreplaqué de 1 cm d'épaisseur : 42 x 15 cm • 6 pieds en métal • Agrafeuse murale

Réalisation

Laver la couverture en machine avec un programme pour la laine. Faire un photomontage paysage + chien sur l'ordinateur au format 11 x 14 cm. Faire réaliser un transfert des images sur le feutre blanc. En suivant le schéma, découper tous les morceaux du sac dans la couverture et dans le skaï. Poser un morceau de couverture sur le morceau correspondant de skaï. Piquer le tour des morceaux à 5 mm des bords pour les maintenir ensemble et faciliter le travail d'assemblage : piquer la face avant et la face arrière à chaque extrémité du fond, endroit contre endroit à 1 cm des bords. Piquer les côtés au fond, redresser les extrémités pour les piquer aux côtés en prenant une extrémité de la lanière dans une des coutures de la face avant. Surpiquer les coutures sur le fond. Retourner le sac. Piquer le biais à cheval sur tout le haut du sac. Poser la glissière à 2 cm des bords. Plier chaque rectangle de maintien des anses autour d'un anneau. Piquer sur le sac en suivant le schéma. Envelopper la planchette de skaï en l'agrafant sur le dessous, la glisser dans le fond du sac. Poser les pieds à travers le fond du sac, accrochés à la planchette. Poser un mousqueton au bout de lanière pour attacher le chien.

Cabas sympas

Cabas tourisme *(suite)*

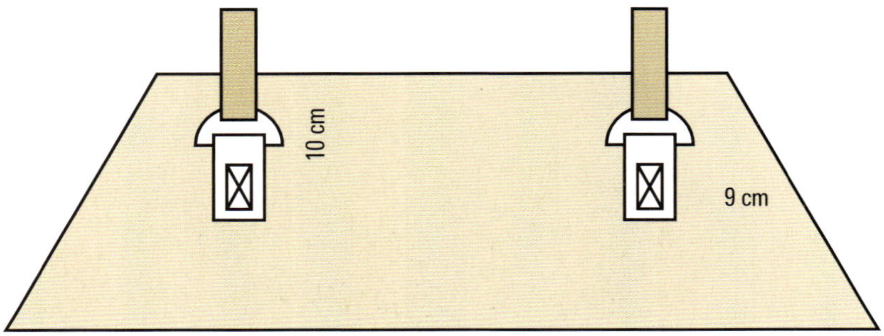

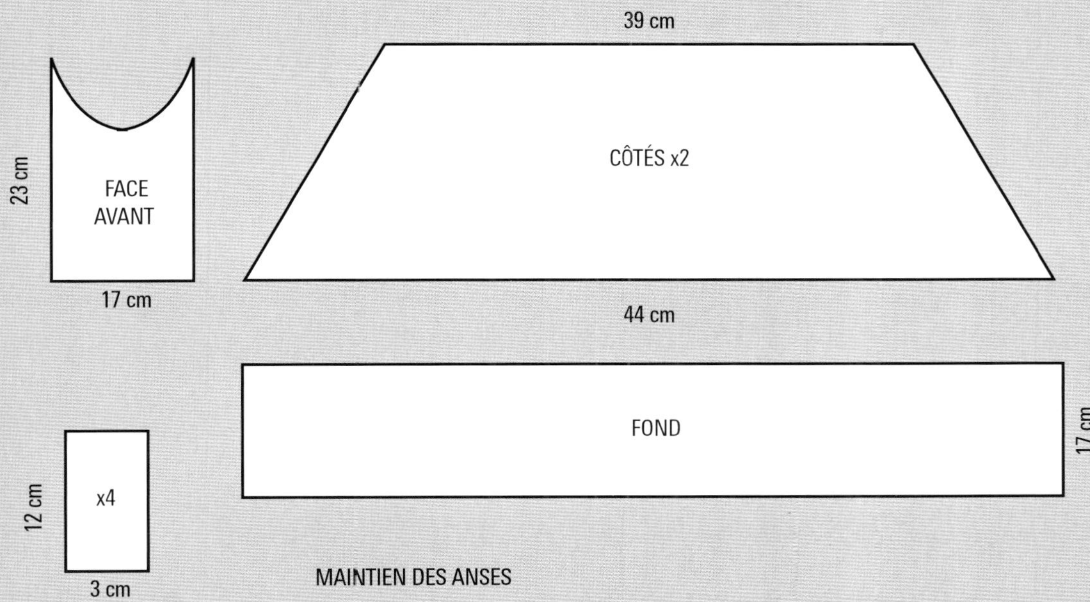
39 cm
FACE AVANT
23 cm
17 cm
CÔTÉS x2
44 cm
DOS
23 cm
17 cm
FOND
17 cm
x4
12 cm
3 cm
MAINTIEN DES ANSES

Une vache pour tout

Dimensions

38 x 28 cm

Fournitures

Fausse fourrure vache et lin brut • 2 boutons de nacre • Coton à broder rose pâle • Fil à coudre pour coutures solides • Molleton synthétique

Réalisation

En suivant le schéma, couper dans la fausse fourrure : 2 faces, 2 têtes, 1 poche, 4 oreilles, 4 pattes, 1 queue et pour le tour une bande de 98 x 8 cm. Couper dans le lin : 2 museaux, 4 sabots, 2 cornes, 2 faces, pour le tour une bande de 98 x 8 cm et pour les poignées 2 bandes de 38 x 7 cm.

Tête

Piquer un museau endroit contre endroit en bas de chaque tête. Coudre les boutons pour les yeux sur une partie. Piquer les oreilles deux par deux, endroit contre endroit en laissant le bas ouvert. Retourner. Plier la base pour amener les 2 bords côte à côte vers le milieu. Bâtir. Épingler sur les côtés de la tête. Piquer les cornes deux par deux, endroit contre endroit. Retourner. Remplir d'un peu de molleton. Épingler sur le haut de la tête. Piquer les 2 têtes endroit contre endroit. Piquer le tour en laissant une ouverture. Remplir de molleton. Fermer l'ouverture.

Cabas sympas

Une vache pour tout ***(suite)***

Pattes

Piquer un sabot endroit contre endroit en bas de chaque patte. Piquer les pattes deux par deux. Retourner. Remplir de molleton. Fermer le haut.

Queue

Rouler la bande de fourrure sur elle-même, coudre à points solides. Garnir une extrémité d'un gland de lin.

Poignées

Repasser un rentré de 1 cm sur chaque longueur puis plier envers contre envers. Piquer chaque longueur.

Sac extérieur en fourrure

Piquer une poche sur une face. Épingler les pattes sur chaque face. Piquer la bande du tour entre les 2 faces en prenant les pattes dans la couture. Coudre la tête sur l'avant, la queue sur l'arrière.
Faire le même travail pour le sac intérieur en lin, sans les pattes.
Glisser les 2 sacs l'un dans l'autre, envers contre envers. Glisser les extrémités des poignées entre les 2 épaisseurs. Piquer le haut, d'abord à ras puis quelques mm plus bas pour renforcer le montage.

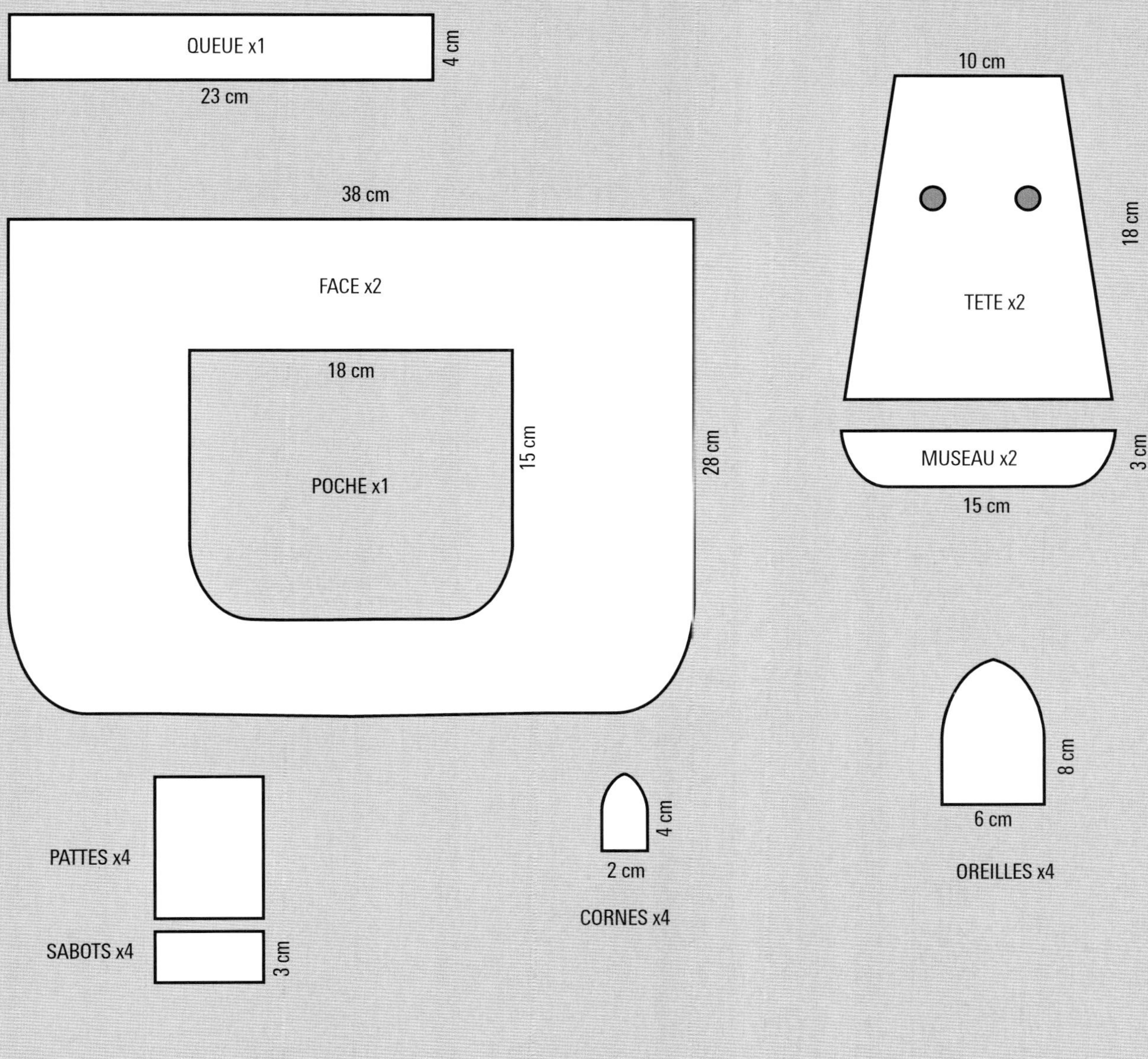
QUEUE x1
4 cm
23 cm
10 cm
38 cm
FACE x2
18 cm
POCHE x1
15 cm
28 cm
18 cm
TETE x2
MUSEAU x2
3 cm
15 cm
8 cm
6 cm
OREILLES x4
4 cm
2 cm
CORNES x4
PATTES x4
SABOTS x4
3 cm

En balade

Italie

Baluchon fleuri

Fournitures

Tissu fleuri un peu épais : 2 rectangles de 37 x 62 cm (faces) et 2 rectangles de 55 x 6 cm (anses) • Fil à coudre assorti • 2 morceaux de tresse de coton d'1 cm de large et 30 cm de long

Réalisation

Reproduire le patron à grandeur. Découper. Plier le tissu endroit contre endroit. Épingler le patron sur la pliure. Découper à 1 cm. Épingler les 2 faces endroit contre endroit. Piquer de A à A en passant par le bas. Surfiler les rentrés de couture ensemble.

Cranter les rentrés de couture sur 8 mm, perpendiculairement à la piqûre en A. En partant de A et jusqu'en haut, plier les rentrés de couture en 2 vers l'envers. Bâtir.

Bâtir vers l'envers un rentré de 1 cm en haut de chaque face puis plier à 5 cm. Épingler. Piquer une première fois à 3 cm du haut puis 1,5 cm plus bas pour former une coulisse sur chaque face. Glisser un morceau de tresse dans chacune en maintenant à chaque extrémité avec une épingle et en fronçant le sac.

Préparer les anses : repasser un rentré de 1 cm tout autour puis plier envers contre envers. Piquer tout le tour. Épingler les 2 extrémités de chaque anse sur la même face du sac, à ras du bord en croisant sur 5 cm (pousser les fronces pour qu'il n'y en ait pas sur la largeur des anses). Piquer les ourlets des bords du sac et en même temps fixer les anses par une couture en rectangle sur les 5 cm.

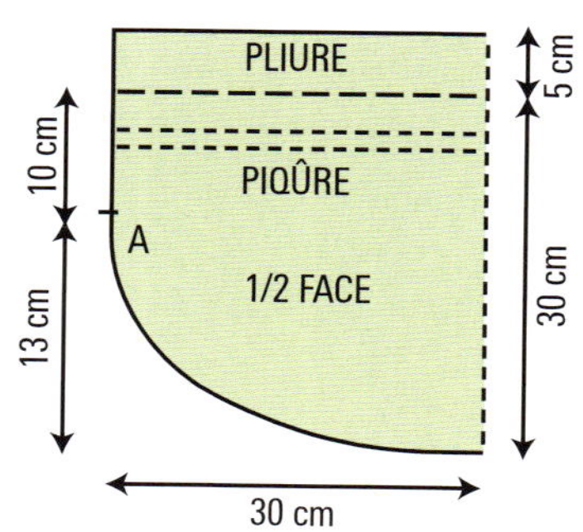

Sac de plage

Dimensions

60 x 60 cm

Fournitures

70 cm de toile cirée en 140 cm de large et de cotonnade pour la doublure • 200 x 43 cm de toile à transat assortie • Fil pour coutures solides

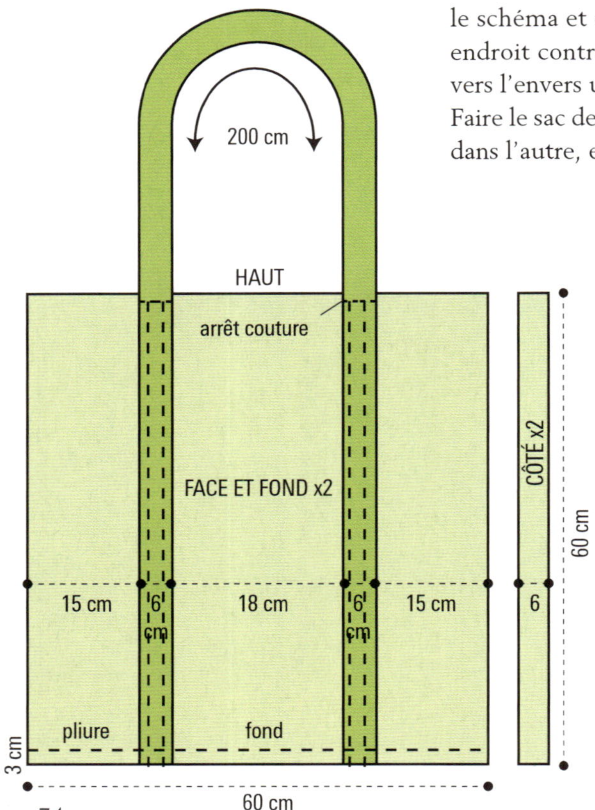

Réalisation

Le sac est composé d'une partie extérieure en toile cirée et d'une partie intérieure en cotonnade. Les points de couture dans la toile cirée doivent être suffisamment longs pour ne pas la couper.

Couper chaque pièce le nombre de fois indiqué dans la toile cirée et la cotonnade en ajoutant 1 cm tout autour. Couper, pour chaque anse, 2 bandes de toile à transat de 200 x 8 cm. Repasser un rentré sur chaque longueur, puis piquer 2 par 2 envers contre envers.

Confectionner le sac extérieur : piquer une anse sur chaque face en suivant le schéma et en arrêtant solidement à 1 cm du haut. Piquer les 2 face/fond endroit contre endroit par le milieu du fond. Piquer autour des côtés. Plier vers l'envers un rentré de 1 cm dans le haut.

Faire le sac de cotonnade de la même façon, sans les anses. Glisser les sacs l'un dans l'autre, envers contre envers, et piquer le haut.

Pochette italienne

Dimensions

18 x 22 x 4 cm

Fournitures

Cotonnade rouge • Toile thermocollante • Pâte Fimo Vert, Rouge et Blanc • Tube de peinture relief • Fil à coudre assorti

Réalisation

Couper dans la cotonnade et dans la toile thermocollante un rectangle de 24 x 20 cm (devant), un autre de 38 x 20 cm (dos + rabat) et une bande de 68 x 6 cm (soufflet). Pour la bandoulière, couper deux bandes de 110 x 3,5 cm.
Appliquer la toile thermocollante sur l'envers des pièces correspondantes. Piquer le soufflet endroit contre endroit à 1 cm des bords autour du devant puis autour du dos. Ourler le tour du rabat et de l'ouverture. Repasser un rentré de 0,5 cm sur chaque longueur des deux morceaux de la bandoulière. Les piquer envers contre envers. Coudre les extrémités à l'intérieur de la pochette, sur le soufflet. Retourner la pochette.
Bouton : confectionner plusieurs boudins de pâte Fimo de différents diamètres, les rouler ensemble sur le plan de travail avec le plat de la main pour que les couleurs adhèrent les unes aux autres. Couper net au centre une rondelle de 3 mm d'épaisseur, percer comme un bouton avec une pointe. Passer au four ménager en suivant le mode d'emploi pour que la pâte durcisse. Laisser sécher puis coudre sur le rabat.
Écrire « Italie » directement avec le tube de peinture relief.

Italie

À la plage

Fournitures

Sac : 0,80 m de tissu rayé bleu/blanc et de tissu à carreaux bleu/blanc • 1,50 cm de sangle en lin en 3 cm de large • 1 bande aimantée autocollante • Crayon de tailleur • 2 mousquetons • 2 anneaux avec une face plate de 3 cm de large • 4 œillets de 5 cm de diamètre intérieur • 1 feuille de polypropylène • Coquillages et sable • Papier de soie

Pochette pour le portable : 1 m de tresse en lin en 0,5 cm de large • 1 anneau de 2,5 cm de diamètre • 4 cm de ruban de lin en 1,5 cm de large

Réalisation sac

Mise en place des œillets

Dans la toile rayée, couper 2 rectangles de 38 x 45 cm (devant et dos). Dans la toile à carreaux, couper 2 carrés de 45 cm de côté (doublure devant et dos), 1 rectangle de 38 x 45 cm, 2 bandes de 11 x 45 cm (bordures) et 2 ovales de 20 x 28 cm (fonds). Faire un tracé sur l'envers de tous les tissus à 2 cm des bords pour marquer les coutures.

Placer une des faces de l'œillet sur l'envers du devant rayé et faire un tracé de l'intérieur au crayon tailleur. Reporter 3 autres fois. Évider les 4 cercles obtenus. Placer la partie picots des œillets sur l'endroit, les picots apparaissent sur l'envers. Appuyer bien pour que les picots traversent le tissu. Placer la 2e face de l'œillet sur la face avec picots et appuyer pour clipper les 2 faces ensemble.

Découper 4 rectangles de 13 x 26 cm dans le polypropylène. Plier chaque rectangle en deux, mettre le carré obtenu sur un carré de papier de soie et coudre à la machine sur 2 côtés. Glisser 3 coquillages à l'intérieur de 3 poches et du sable dans la 4e. Piquer le 3e côté pour fermer les pochettes puis enlever la feuille de papier de soie. Disposer chaque pochette sur l'endroit du rectangle de tissu à carreaux, en face des œillets du devant rayé. Coudre les 4 côtés pour bien maintenir en place chaque pochette. Coudre cet ensemble derrière le devant, en haut et en bas, à 1 cm des bords. Piquer une bordure à carreaux en haut du devant et du dos du sac, endroit contre endroit. Superposer les 2 carrés obtenus et piquer les côtés. Ouvrir les coutures. Piquer l'un des fonds ovales en bas du sac, endroit contre endroit. Assembler les 2 carrés de la doublure en piquant les côtés. Coudre le second ovale en bas de la doublure.

Bienvenue
à la
mer

En balade

À la plage *(suite)*

Fermeture du sac

Coller 3 cm de bande aimantée en vis-à-vis en haut de la doublure du sac, à 5 cm du bord. Rentrer et repasser un ourlet de 2 cm en haut du sac et de sa doublure. Épingler la doublure dans le sac et piquer à 0,5 cm du bord.

Bandoulière

Tailler dans la sangle 2 bandes de 12 cm et 1 bande de 90 cm. Plier 2 fois 1 cm aux extrémités de chaque petite bande et coudre chaque bande sur chaque côté du sac après y avoir glissé l'anneau. Plier 2 fois 1 cm aux extrémités, glisser le mousqueton, coudre à 3 cm du pli.

Réalisation pochette pour le portable

Couper 2 rectangles de 19 x 12 cm dans le tissu à carreaux et dans le tissu rayé. Faire un tracé sur l'envers de tous les tissus, à 2 cm des bords, pour marquer les coutures. Superposer les morceaux de tissu deux à deux endroit contre endroit. Piquer les côtés et le fond. Dégarnir les angles et réduire les coutures. Retourner sur l'endroit la pochette à carreaux et rentrer le haut pour avoir une longueur de 14 cm environ. Glisser la pochette rayée dans celle à carreaux et replier le haut sur l'endroit pour obtenir un revers de 3 cm environ. Glisser l'anneau sur le ruban de lin, le plier en deux et épingler cette patte sous le revers. Glisser aussi les extrémités de la tresse de lin sous le revers, de chaque côté de la pochette. Coudre le revers et la tresse à points invisibles.

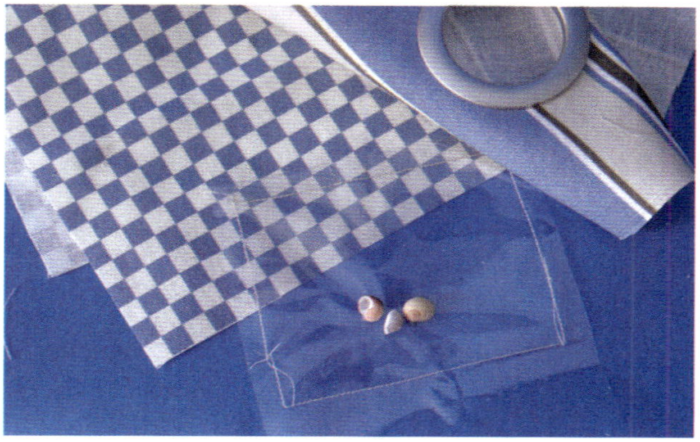

FOND SAC x2

Petit bateau

Dimensions

30 x 40 cm, largeur 15 cm

Fournitures

1 m de toile bleue • Coton Petra de DMC n° 3 : Blanc, Rouge, Carmin • 5 cm de ruban rayé (La Droguerie) • Fil à coudre assorti • Crochet n° 2

Réalisation

Confectionner le cabas

Couper, pour les extrémités, quatre rectangles de 32 x 17 cm (A) et pour les faces et le fond, deux rectangles de 77 x 42 cm (B). Pour les poignées, couper deux rectangles de 26 x 8 cm. Assembler deux sacs semblables en piquant un rectangle B autour de deux rectangles A en laissant une ouverture dans une couture du sac qui sera à l'intérieur. Plier les poignées endroit contre endroit. Piquer à 1 cm du bord. Retourner.

Crocheter le bateau

Mât : faire 60 mch Rouge. Crocheter 1 rg de ms et arrêter.
Coque : faire 60 mch Rouge. Crocheter : 1 rg en ms, puis cont. en alternant 1 rg de dbr et 1 rg de ms : 6 rgs en augm. 1 m. à chaque rg toujours à la même extrémité, puis tout droit : 2 rgs Blanc et 1 rg Carmin. Arrêter.
Petite voile : faire 30 mch Blanc. Crocheter 1 rg de ms puis cont. en damiers : * 5 ml, sauter 3 m., 1 dbr dans la m. suiv.* sur tout le rg. À partir du 2e rg, crocheter des ml au-dessus des ml et des dbr au-dessus des dbr. Biaiser une extrémité de la voile : term. un rg normalement puis comm. le rg suiv. par : 3 ml, 1 dbr sur la dbr suiv. Arrêter quand il n'y a plus qu'un seul damier.
Grande voile : même trav. en partant de 40 mch.
Coudre solidement le bateau sur une face du sac. Épingler les poignées en place. Glisser les deux sacs l'un dans l'autre, endroit contre endroit. Piquer le haut. Retourner. Fermer l'ouverture à la main. Couper le ruban en pointe et le coudre en haut du mât.

Sac à malice pour bébé

Fournitures

1 x 1,50 m de sergé de coton bleu cobalt • 1,20 x 1,20 m de Liberty bleu ciel (Donald Davies) • Fil bleu ciel et bleu cobalt • 14 œillets • Élastique plat 5 mm de large

Réalisation

Couper 2 morceaux de sergé et de Liberty de 68 x 33 cm pour les faces. En suivant le schéma, dégarnir 2 angles de chaque morceau (1). Couper 1 morceau de sergé et 1 morceau de Liberty de 40 x 12 cm pour le fond, 2 morceaux de sergé et 2 morceaux de Liberty de 42 x 20 cm pour les poches, 2 longueurs de 125 x 5,5 cm de sergé et 2 morceaux de 125 x 5 cm pour les anses, 2 morceaux de Liberty de 136 x 14 cm pour le ruban.

Assembler la doublure de Liberty en piquant le fond centré entre les côtés puis en piquant les hauteurs l'une sur l'autre. Froncer le bas des côtés, les coudre aux extrémités du fond (2).

Piquer le haut d'une poche de Liberty endroit contre endroit d'une poche de sergé. Retourner. Repasser. Faire 2 piqûres parallèles espacées de 7 mm à 15 mm du haut. Glisser 24 cm d'élastique dans chaque coulisse. Bloquer à chaque extrémité par quelques points.

Préparer les anses : repasser vers l'envers un rentré de 1 cm sur chaque bord des anses de sergé et de Liberty. Piquer les anses de Liberty envers contre envers au milieu des anses de sergé.

Johnson's
baby
lotion
BEBE
120
100
75
50

En balade

Sac à malice pour bébé *(suite)*

Assembler le sac de sergé : piquer d'abord les hauteurs des côtés comme pour la doublure. Poser les poches sur l'endroit, à cheval sur les coutures des côtés, épingler le bas sur le bas du sac, étirer le haut pour épingler le bord des poches bien droit. Épingler les anses par-dessus, les 2 extrémités sur la même face du sac. Plier un rentré de 1 cm dans le haut du sac. Piquer chaque bord des anses, les côtés des poches sont ainsi fixés. Piquer le fond entre les côtés. Froncer le bas des poches et les piquer au fond.

Repasser un rentré de 1 cm en haut de la doublure, la glisser dans le sac. Piquer le haut.

Poser les œillets régulièrement espacés. Piquer les bandes du nœud endroit contre endroit en laissant une ouverture, retourner. Fermer l'ouverture.

Glisser le ruban dans les œillets en commençant au milieu d'une face. Nouer le ruban.

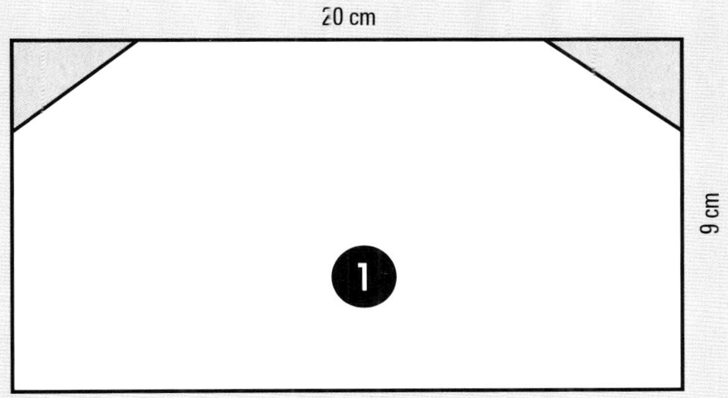
20 cm
9 cm
1

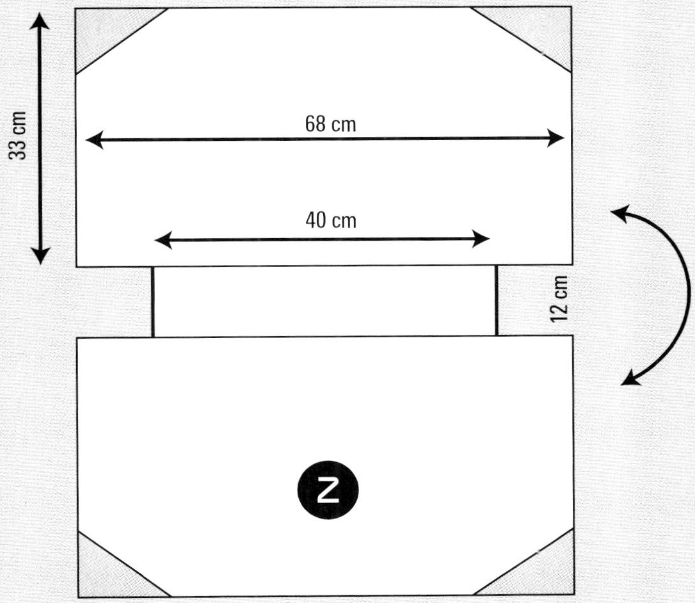
33 cm
68 cm
40 cm
12 cm
2

Sac à dos bonhomme de neige

Fournitures

50 cm en 1,40 m de large de toile épaisse et de doublure • Chutes de feutrine et de lainage pour le bonhomme de neige • 2 boutons pour le sac et 2 boutons pour le bonhomme • Fil à coudre

Réalisation

En suivant le schéma, couper tous les morceaux du sac dans la toile et dans la doublure.

Assembler le sac de toile : piquer les côtés, endroit contre endroit, entre le dos et le devant à 0,5 cm des bords. Coudre autour du fond en faisant correspondre les angles. Assembler le sac de doublure de la même façon. Les glisser l'un dans l'autre, envers contre envers. Plier un petit rentré en haut, vers l'intérieur, et piquer. Poser le rabat de toile sur le rabat de doublure. Piquer un bord de 22 cm et les 2 bords de 15 cm. Retourner. Plier un petit rentré, vers l'intérieur, sur le bord ouvert. Piquer le rabat sur le sac. Plier un petit rentré sur chaque longueur des sangles. Piquer. Piquer les sangles dans le dos du sac, au milieu légèrement espacées sous le rabat, en bas dans chaque angle. Broder 2 boutonnières sur le rabat. Coudre 2 boutons sur le sac. Découper le bonhomme de neige dans la feutrine et les lainages. Pour l'écharpe couper une bande de 20 x 2,5 cm. Appliquer le bonhomme sur le sac, son bonnet sur le rabat.

Sac à dos bonhomme de neige *(suite)*

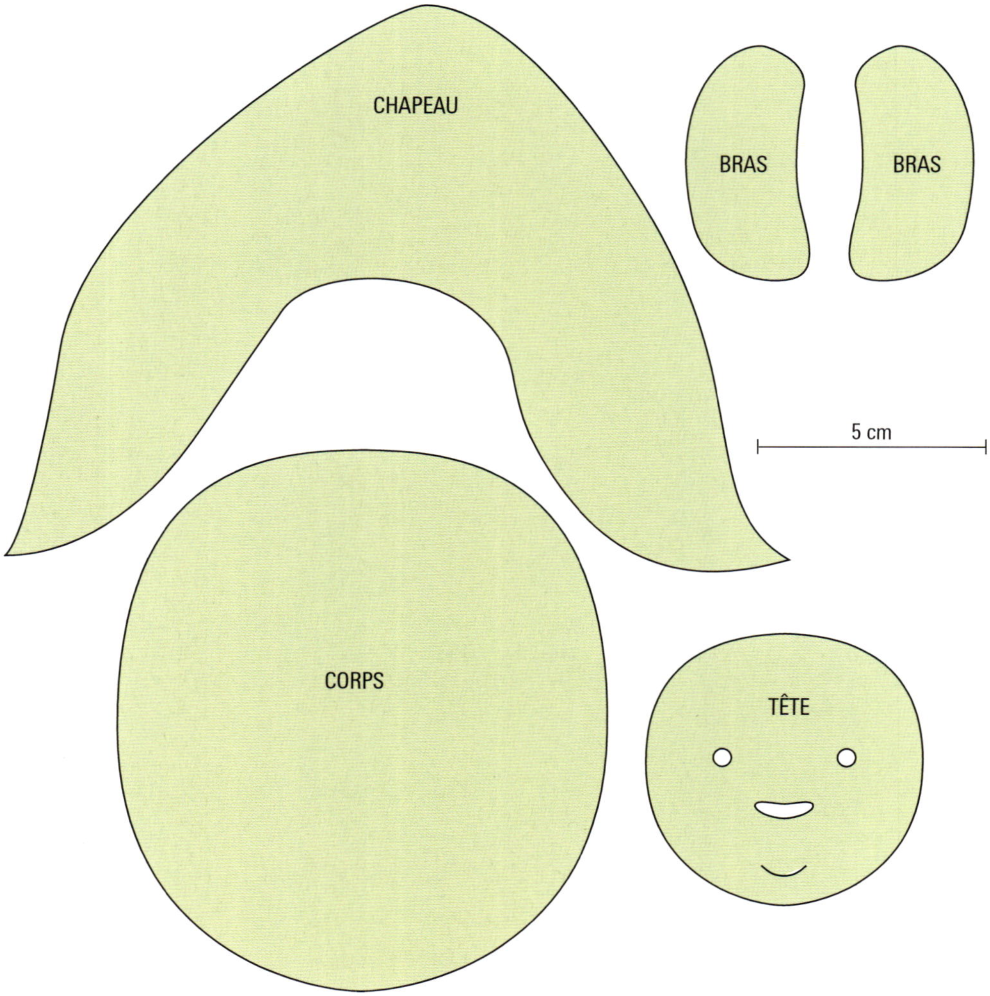

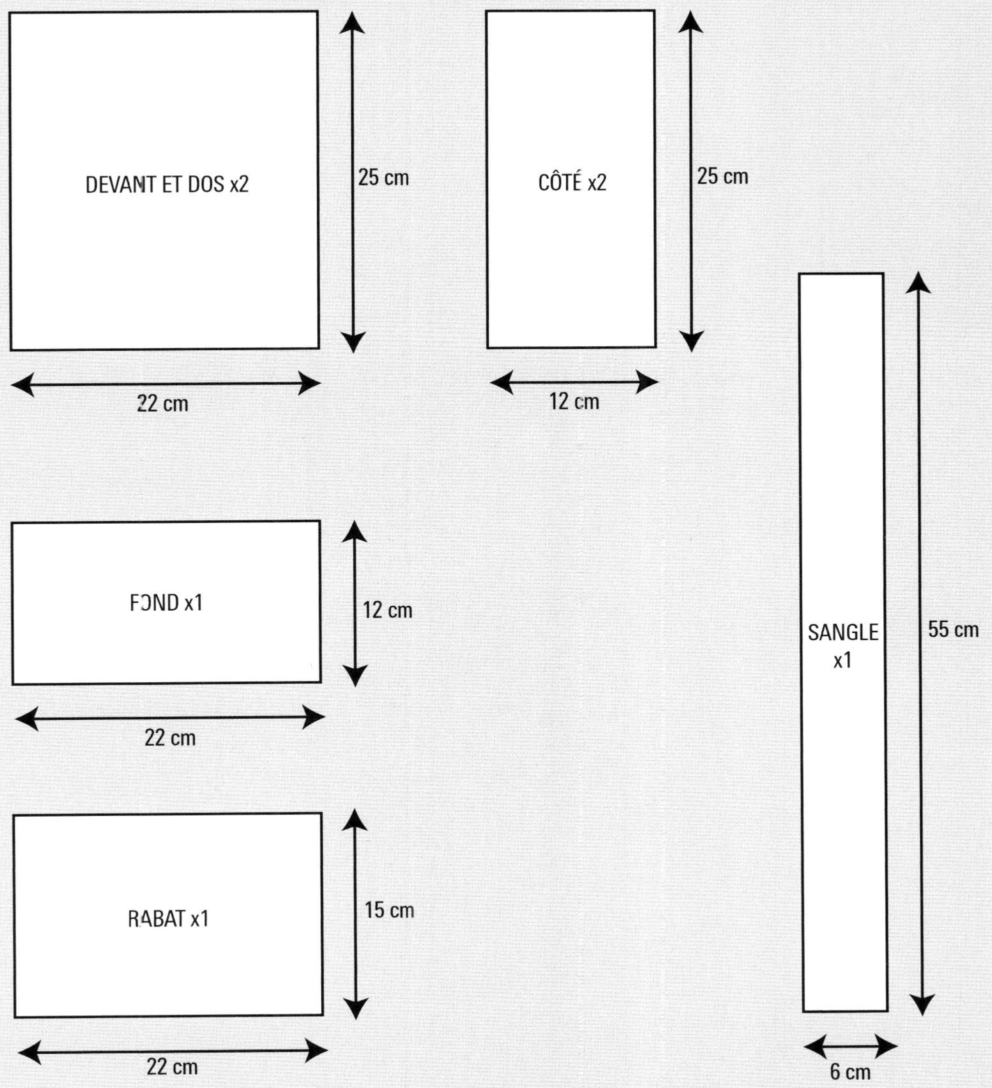
DEVANT ET DOS x2
25 cm
22 cm
CÔTÉ x2
25 cm
12 cm
FOND x1
12 cm
22 cm
RABAT x1
15 cm
22 cm
SANGLE x1
55 cm
6 cm

Sac fétiche

Dimensions

32 cm de haut, 30 cm de large

Fournitures

Toile rayée : 2 rectangles de 41 x 33 cm (faces), 4 rectangles de 28 x 7 cm (bordures), 2 rectangles de 48 x 6 cm (bandoulières) et 4 rectangles de 30 x 3 cm (liens) • Fils à coudre de coloris contrastés • 50 cm de croquet • Motifs brodés ou crochetés de récupération • Machine à coudre avec points fantaisie

Réalisation

En suivant le schéma, couper les 2 faces du sac en ajoutant 1,5 cm tout autour. Surfiler. Broder un point fantaisie à 3 cm des bords, sauf en haut. Poser les 2 faces endroit contre endroit, les réunir par une piqûre à 1,5 cm des bords en arrêtant à 7 cm du haut. Repasser les coutures ouvertes. Fixer les rentrés de couture sur l'envers, au niveau des ouvertures du haut, par un point de piqûre fantaisie. Épingler quelques plis plats dans le haut pour le réduire à 25 cm.
En suivant le schéma, couper les rectangles des bordures en ajoutant 1,5 cm tout autour. Les poser 2 par 2, endroit contre endroit. Piquer le haut et les côtés à 1,5 cm des bords. Repasser puis repasser vers l'envers un rentré de 1,5 cm dans le bas. Glisser le haut des faces entre les 2 épaisseurs des bordures sur 1,5 cm. Piquer le tour en utilisant différents fils et points de la machine. Piquer une longueur de croquet en haut de chaque bordure.
Préparer les bandoulières et les liens de la même façon : plier les bords de manière à ce qu'ils se rejoignent au milieu puis piquer un point fantaisie à cheval. Piquer une bandoulière sur chaque face du sac en écartant les extrémités de 8 cm. Piquer un lien de chaque côté du sac, à mi-hauteur des ouvertures. Faire un nœud sur l'extrémité libre.
Toujours en utilisant des points fantaisie, piquer les motifs dispersés sur les faces.

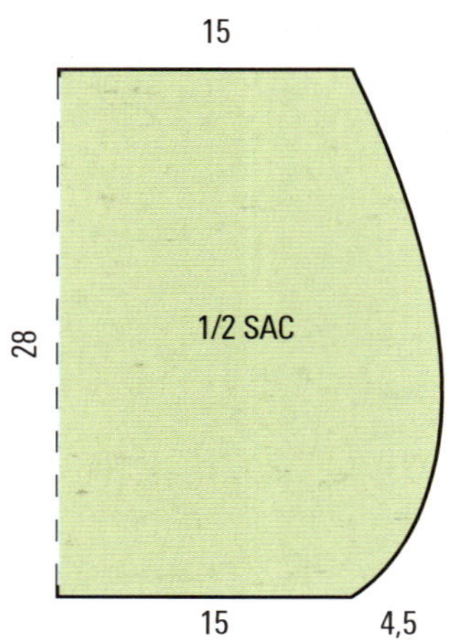

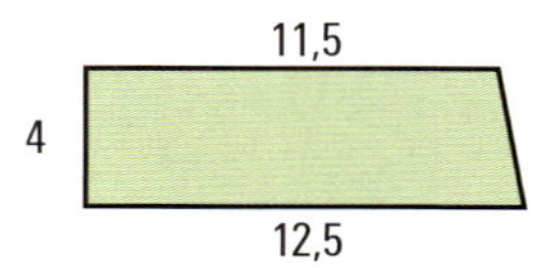

1/2 BORDURE x4

Lainages appliqués

Fournitures

Lainage : 2 rectangles de 33 x 50 cm (faces) et 2 rectangles de 5 x 75 cm (anses) • Nombreuses chutes de lainage, feutrine... • Fil à coudre assorti • Cotons à broder contrastés

Réalisation

Broder de grands points avant de coton sur tous les morceaux du sac. Découper les chutes pour obtenir des formes régulières ou des motifs. Les appliquer sur les faces et les anses par des points de broderie à cheval sur les bords ou des piqûres à quelques mm des bords pour les laisser libres et qu'ils s'effrangent.
Piquer les 2 faces endroit contre endroit en laissant un bord de 33 cm ouvert. Surfiler les bords ensemble. Ourler le haut.
Repasser vers l'envers un petit rentré tout autour des morceaux des anses. Les piquer l'un sur l'autre, envers contre envers. Surpiquer à grands points de coton à broder.
Piquer solidement une extrémité sur chaque couture de côté.

Pour le soir

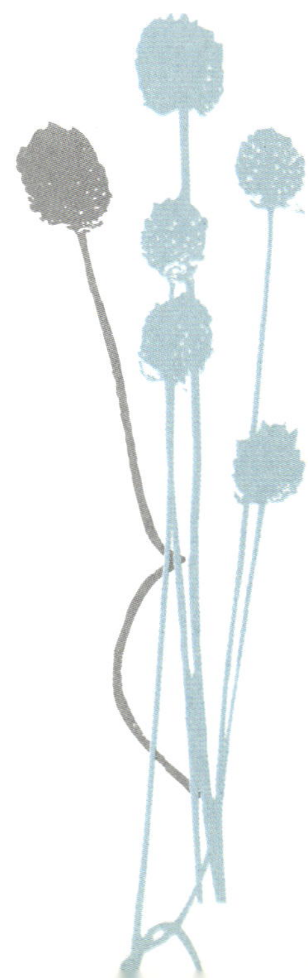

111
SEAT
ROW
ORCHESTRA
THEATRE
Subscription
$150.00
GOOD ONLY WED. OCT.
21
7:45 P.M.
1964
My Fair Lady
CRITERION THEATRE
B'way at 45th St., N.Y.
SUBSCRIPTION
$150.00
Proceeds for Benefit of the Entertainment-Communications
Industry's WILL ROGERS HOSPITAL AND O'DONNELL
MEMORIAL RESEARCH LABORATORIES, Saranac Lake, N.Y.
ROW

Pour le soir

Besace à paillettes

Fournitures

60 cm de lin enduit en 140 cm de large (pour 2 sacs) • 120 cm de ruban paillettes bleu nuit de 2 cm de large • 150 cm de ruban paillettes bleu nuit de 1 cm de large • Une échevette de Mouliné métallisé assorti aux paillettes • Craie

Réalisation

Agrandir le patron. Y reporter les indications. Découper le patron. Appliquer sur l'envers du tissu en veillant à ce que l'indication « droit fil » du patron soit parallèle à la lisière. Marquer les repères sur le tissu, à la craie. Couper à ras. Épingler endroit contre endroit le fond et le dos en faisant correspondre les repères. Piquer sur la ligne de couture dessinée à la craie. Assembler le fond et le devant de la même façon. Cranter les rentrés de couture dans les arrondis. Découper 2 bandes de lin de 120 x 7 cm pour la bandoulière dans le tissu restant. Coudre le ruban à paillettes large au milieu d'une bande, à points avant sur chaque bord. Épingler les 2 bandes envers contre envers. Piquer à 1 cm de chaque bord. Recouper les rentrés de couture à 3 mm des piqûres.

Bâtir les extrémités de la bandoulière de chaque côté entre A et D, en superposant de 5 cm. Piquer en dessinant un carré et ses diagonales.

Coudre le ruban paillettes étroit au bord du rabat, puis sur le tracé du nœud, à points avant avec le fil métallisé. Coudre 25 cm de ruban paillettes sur le devant du sac pour nouer.

Besace à paillettes *(suite)*

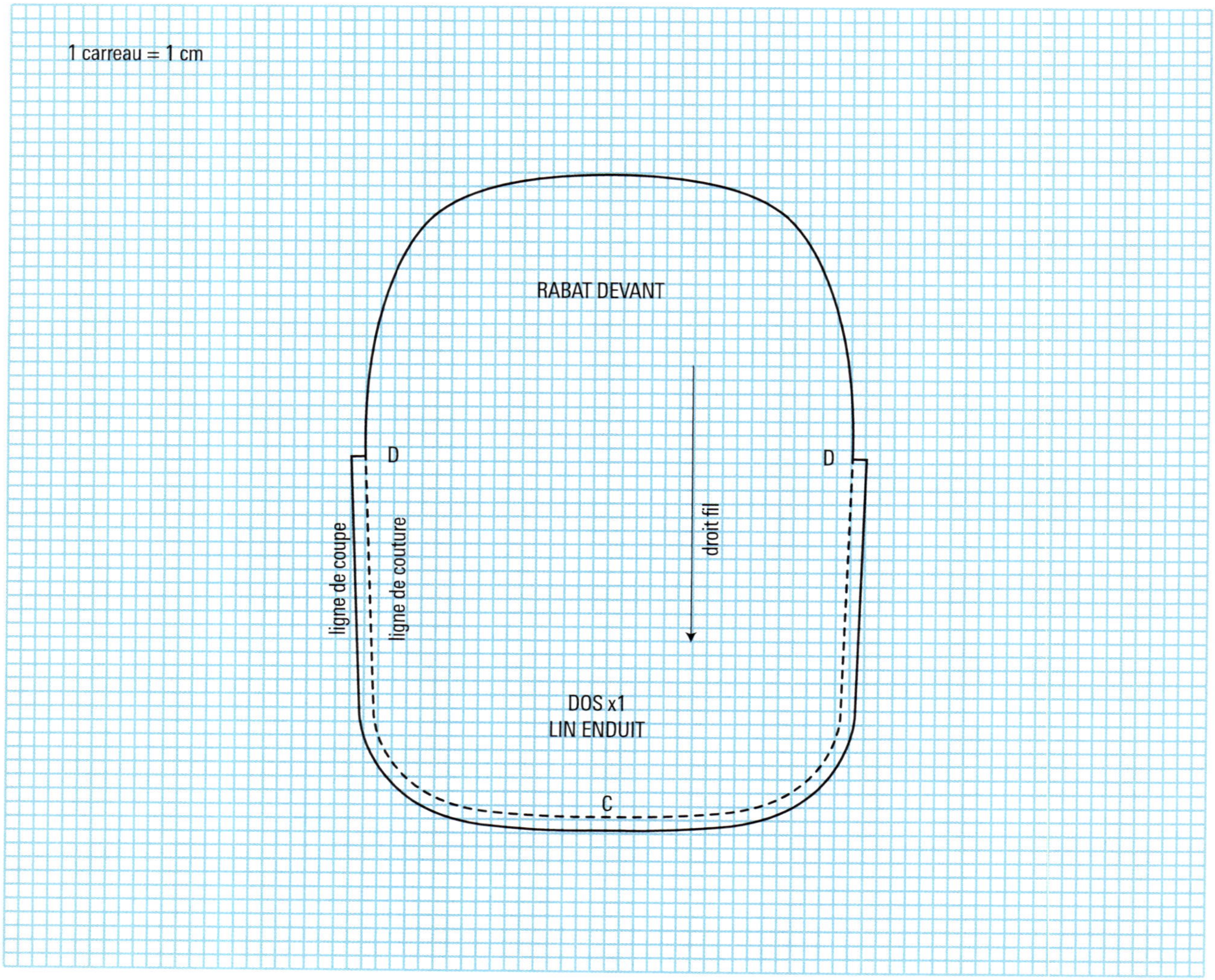

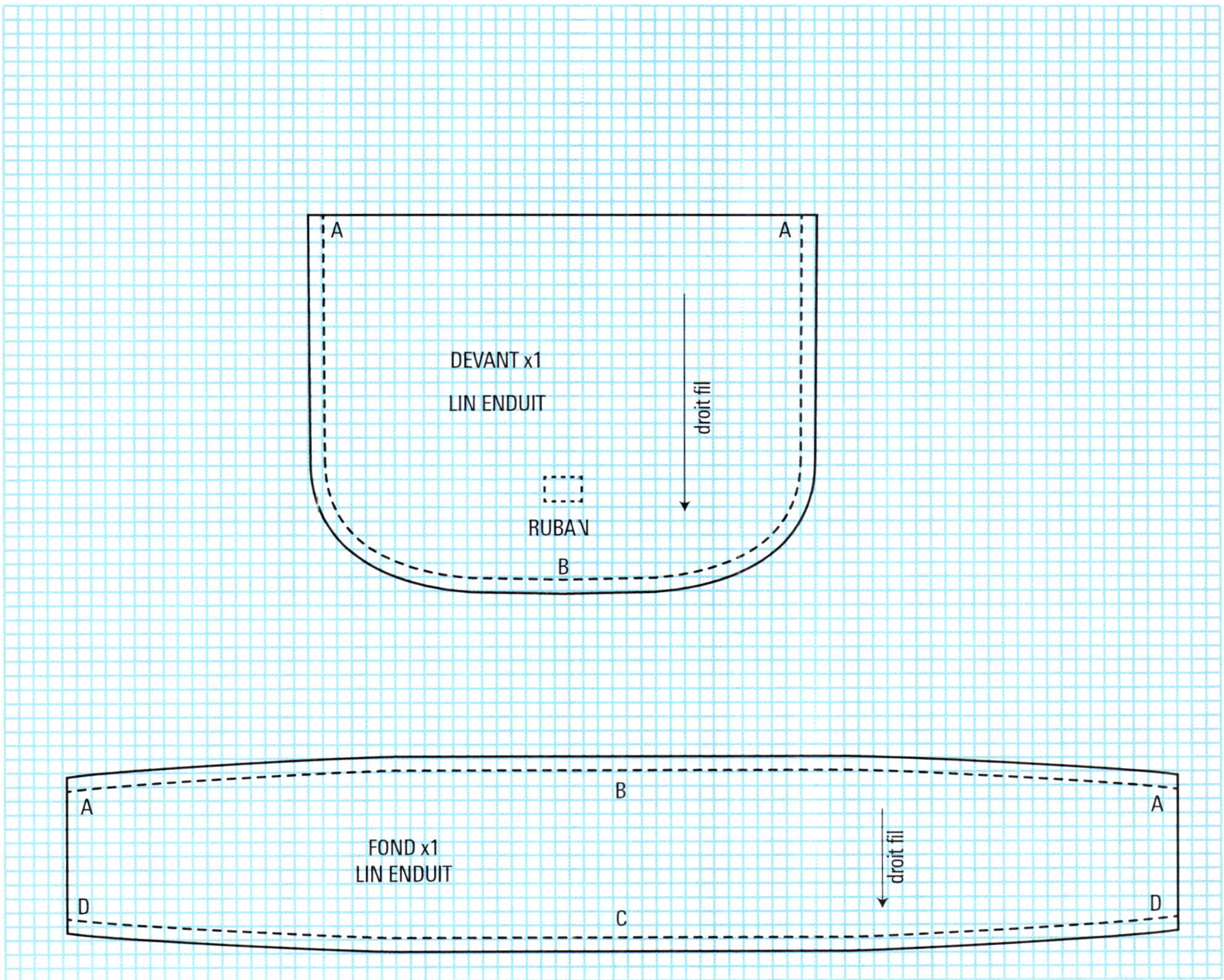

A
A
DEVANT x1
LIN ENDUIT
droit fil
RUBAN
B
B
A
A
FOND x1
LIN ENDUIT
droit fil
D
D
C

Petits sacs en taffetas

Fournitures

Sac vert (20 x 32 cm) : 50 cm de taffetas vert/bleu • Fil à coudre assorti • 76 grosses perles à facettes vertes à reflets bleus • Fil de fer • Pince plate • Pince coupante • Ciseaux

Pochette brune (17 x 20 cm) : 50 cm de taffetas brun/vert • Fil à coudre assorti • Ciseaux • Un bouton en métal doré • Queue de rat pour la bride de boutonnage

Réalisation

Sac vert

Couper 2 morceaux de 23 x 29 cm pour le sac et 2 bandes de 7,5 x 20 cm pour les franges. Les coutures de 1,5 cm sont comprises.

Poser les 2 bandes l'une sur l'autre. Piquer à 0,5 cm d'un bord de 20 cm. Effranger jusqu'à 1,5 cm de la piqûre. Poser les 2 faces du sac endroit contre endroit. Glisser les franges entre les 2 en alignant le bord piqué sur le bas et en étalant les franges vers l'autre extrémité. Piquer les hauteurs et le bord frangé. Ouvrir les coutures au fer. Retourner.

Pour former une coulisse, plier en haut un rentré de 1 cm puis de 2 cm. Piquer. Ouvrir chaque couture de côté sur 1 cm au milieu de la coulisse.

Pour les poignées, couper 2 morceaux de fil de fer de 40 cm. Les plier en rond. Enfiler 38 perles sur chaque longueur. Glisser 1 extrémité dans la coulisse d'une face pour la ressortir à l'autre extrémité. Fermer en rond en tordant les extrémités ensemble au ras des perles. Cacher la jonction dans la coulisse. Faire quelques points serrés à chaque extrémité des coulisses pour empêcher les perles d'y glisser.

Pochette brune

Pour la pochette, couper, dans le droit fil, 1 bande de 17 x 68 cm et 1 bande de 17 x 48 cm ; pour la bandoulière, couper 1 bande de 1,5 x 100 cm.

Plier les 2 bandes de la pochette envers contre envers. Les poser l'une sur l'autre en alignant les bords ouverts. Piquer les hauteurs avec un zigzag serré, à 5 mm des bords puis le bas à 7 cm du bord. Effranger les bords jusqu'aux coutures. Plier le haut à 7,5 cm du bord pour former le rabat. Coudre le bouton sur la pochette. Coudre la queue de rat sous le rabat, ou broder une bride.

Bandoulière : repasser un petit rentré sur chaque longueur. Plier envers contre envers. Piquer la longueur. Coudre de chaque côté de la pochette après avoir replié les extrémités.

Sac velours et soie

Fournitures

25 cm de soie, imprimé toile de Jouy et 12 cm de velours assorti • 25 x 12 cm de contreplaqué fin 0,5 cm • Peinture Pébéo déco Rose foncé • Apprêt blanc • Scie sauteuse • Papier de verre • Pinceau • Perles, rubans, paillettes…

Réalisation

Agrandir les schémas. Découper pour obtenir des gabarits. Poser celui de la poignée sur le contreplaqué. Dessiner les contours. Découper à la scie sauteuse, évider la poignée et le passage de la patte. Poncer. Passer l'apprêt blanc puis peindre en rose foncé.

Épingler le patron du sac sur la toile pliée en deux. Couper 2 fois en ajoutant 1 cm tout autour pour les coutures. Couper, dans le velours, pour la bordure du haut : 4 bandes de 27 x 12 cm et pour la patte : 2 fois 10 x 23 cm.

Piquer les 2 sacs endroit contre endroit à 1 cm des bords. Cranter les arrondis. Retourner. Piquer les bandes de la bordure deux par deux, l'une au bout de l'autre pour obtenir 2 anneaux puis les piquer l'un sur l'autre endroit contre endroit, sur un seul bord. Retourner. Plier vers l'envers un rentré de 1 cm sur le bas de chaque anneau. Glisser le haut du sac entre les deux épaisseurs.

Piquer les longueurs des 2 morceaux de la patte endroit contre endroit. Retourner. Passer la patte dans la poignée puis glisser les extrémités, à l'intérieur du sac, sous le bord de la bordure. Piquer la bordure.

Cacher cette couture en cousant un ruban par-dessus. Décorer de perles et paillettes cousues ou collées.

DEMI-SAC SANS COUTURE

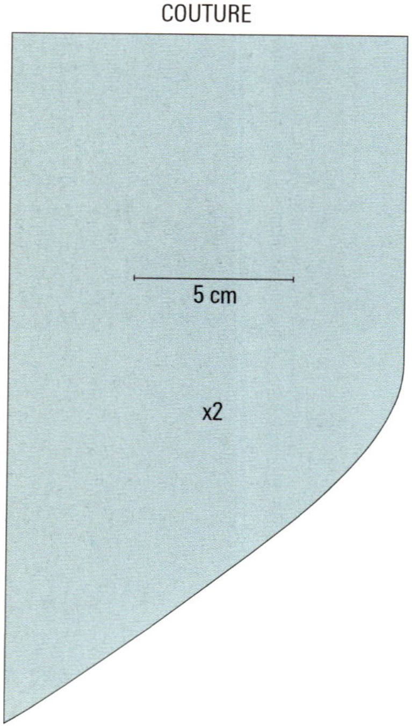

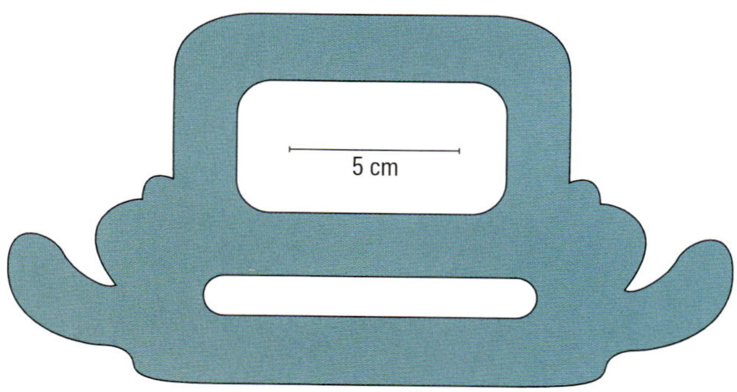

POIGNÉE

Pochette à nœuds

Dimensions

20 x 12 cm

Fournitures

50 cm de feutre noir • 10 morceaux de ruban de 50 cm : pois, vichy, écossais noir et blanc en 38 mm de large • 10 morceaux de ruban de 50 cm : pois, vichy, écossais noir et blanc en 24 mm de large • 15 perles en verre noir (10 mm) • 1 bouton-pression noir

Réalisation

Couper le feutre en suivant le schéma puis recouper le morceau de la poche en deux. Plier puis piquer un rentré de 2 cm sur chaque extrémité de 21 cm de la pochette, de 1 cm sur chaque extrémité de 10 cm de la poche. Plier la poche en deux, endroit contre endroit et piquer un côté.

Plier la pochette en deux envers contre envers. Glisser la poche à l'intérieur, dans un angle puis piquer les côtés.

Fabriquer une vingtaine de nœuds en repliant le ruban sur lui-même. Le froncer au centre, le coudre avec la perle noire. Rabattre le haut de la pochette puis le couvrir de nœuds cousus. Coudre la pression entre les deux épaisseurs de la pochette.

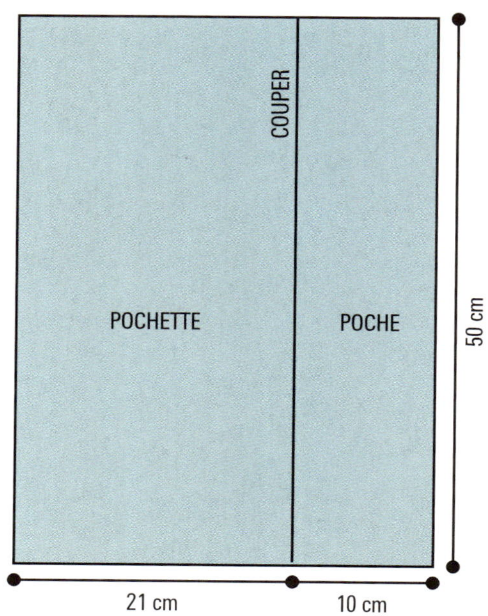

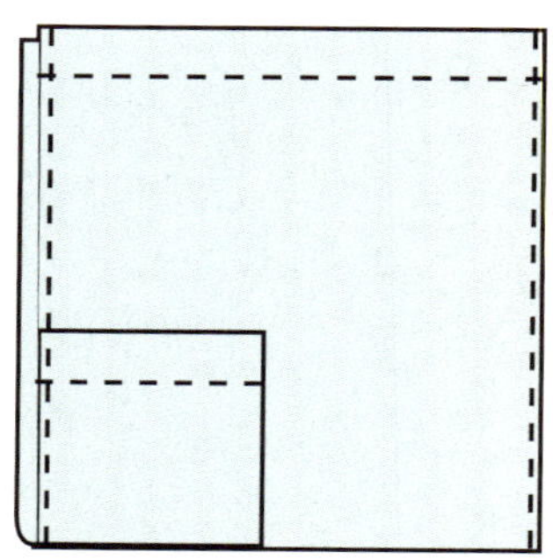

L
ROW
111
SEAT
ORCHESTRA
THEATRE
Subscription
$150.00
GOOD ONLY WED. OCT.
21
7:45 P.M.
1964
MY FAIR LADY
Proceeds for Benefit of the Entertainment-Communications
Industry's WILL ROGERS HOSPITAL AND O'DONNELL
MEMORIAL RESEARCH LABORATORIES Saranac Lake, N.Y.
CRITERION THEATRE
B'way at 45th St., N.Y.
SUBSCRIPTION
$150.00
SHARP
ROW
ORC
L

Soir feutré

Dimensions

25 cm de haut x 18 cm de large

Fournitures

30 x 44 cm de feutrine bordeaux • Mouliné DMC Noir • 39 perles noires • Fil à coudre noir

Réalisation

Agrandir le schéma puis le découper pour obtenir un gabarit. Épingler sur la feutrine puis découper 2 fois à ras en évidant le creux de la poignée.
Sur l'un des morceaux, coudre les perles 3 par 3 pour former 13 petites fleurs.
Border le haut de chaque partie, en arrêtant au niveau des repères horizontaux, et le tour des poignées d'un point de gribiche noir, avec 3 brins de Mouliné.
Poser les deux faces envers contre envers et les assembler par un point de gribiche dans les deux épaisseurs.

Pochette vinyle argent

Fournitures

0,50 m de tissu argent en vinyle et 0,50 m de tissu argent en 140 cm de large • 2,20 m de gros-grain à chapeau gris perle en 4 cm de large • 1 boucle de ceinture grise • 3 fermetures à glissière de 30 cm de long • 0,30 m de toile thermocollante très raide en 90 cm de large • 33 x 3,8 cm de toile thermocollante moyenne

Réalisation

Couper 6 rectangles de 21 x 31 cm dans chaque tissu et 2 rectangles de 19 x 31 cm dans l'entoilage raide. Tracer une ligne au crayon à 2 cm du haut de deux rectangles en vinyle.

Avec un fer doux, coller l'entoilage sur l'envers de ces rectangles, en laissant libres les 2 cm du haut.

Poignée : couper 2 longueurs de gros-grain de 33 cm. Glisser l'entoilage moyen entre les 2, repasser au fer moyen. Piquer tout le tour. Percer délicatement au milieu et poser la boucle de ceinture. Poser cet ensemble sur une des faces de vinyle doublé, à 7 cm du bas (l'opposé du bord avec rentré). Coudre chaque extrémité sur 6 cm de large et 4 cm de haut (1).

Poches : plier un rentré de 2 cm en haut de tous les rectangles. Placer envers contre envers le tissu argent et le vinyle avec la boucle, bâtir les côtés et le bas. Recommencer avec les rectangles restants pour avoir 6 assemblages vinyle + argent dont 2 entoilés (devant avec boucle et dos) (2).

Prendre le devant, un assemblage non entoilé et une fermeture à glissière. Glisser chaque ruban de la fermeture entre les épaisseurs de tissu argent et vinyle, puis piquer. Plier la poche envers contre envers. Faire de même avec une fermeture à glissière, le dos entoilé et 1 épaisseur souple. Coudre la 3e fermeture entre les 2 épaisseurs de la pochette souple (3).

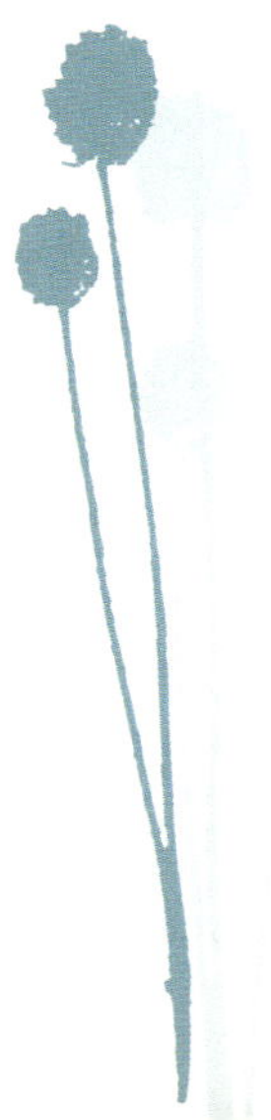

Pour le soir

Pochette vinyle argent ***(suite)***

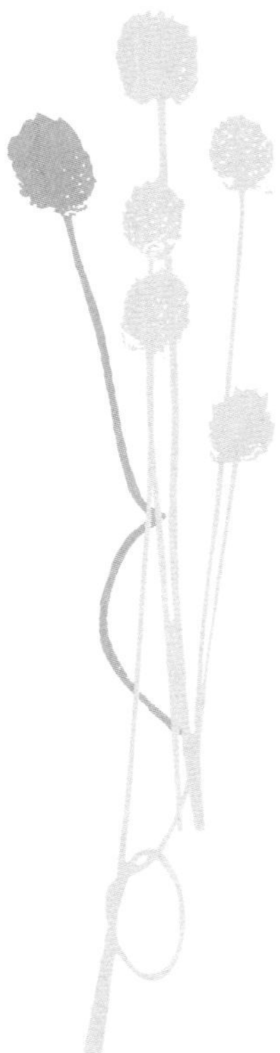

Ouvrir les faces de la poche souple et poser le travail à plat, faces vinyle sur le dessus. Poser la poche devant sur une face vinyle. Soulever la face avec la boucle pour pouvoir assembler les faces des 2 poches le long des fermetures (4). Poser la poche dos sur l'autre face vinyle de la poche centrale. Soulever le dos entoilé pour pouvoir assembler les faces des 2 poches le long des fermetures. Enlever les bâtis pour assembler les 3 épaisseurs de chaque côté de la fermeture centrale : poche devant + 1 face de la poche centrale ou poche dos + 1 face de la poche centrale.

Le soufflet : couper 2 fois 75 cm de gros-grain. Superposer les 2 longueurs de gros-grain et piquer une longueur au plus près du bord.

Plier un rentré à l'une des extrémités du soufflet. En commençant en haut d'un côté de la pochette, bâtir une longueur du soufflet à cheval autour des 3 épaisseurs bâties en laissant un débord de 1 cm sur l'endroit du sac. Plier l'excédent à l'autre extrémité. Piquer le ruban sur tout le pourtour du sac en pliant nettement le gros-grain dans les angles. Bâtir et piquer de la même façon l'autre bord du soufflet autour de l'autre assemblage bâti.

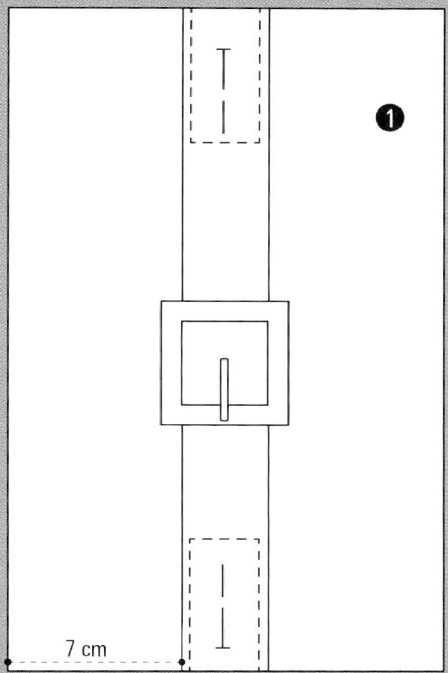
1
7 cm

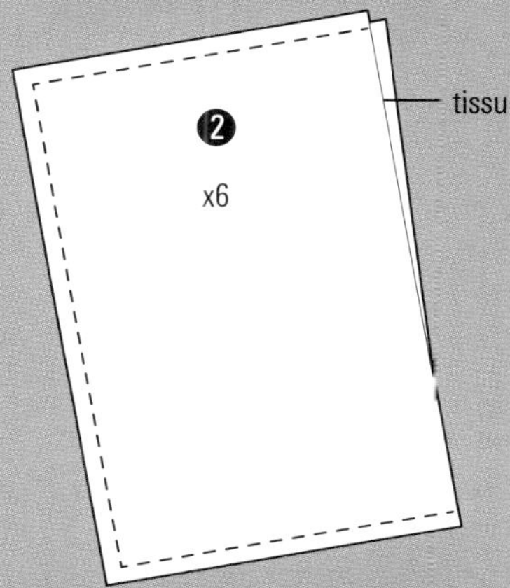
2
x6
tissu

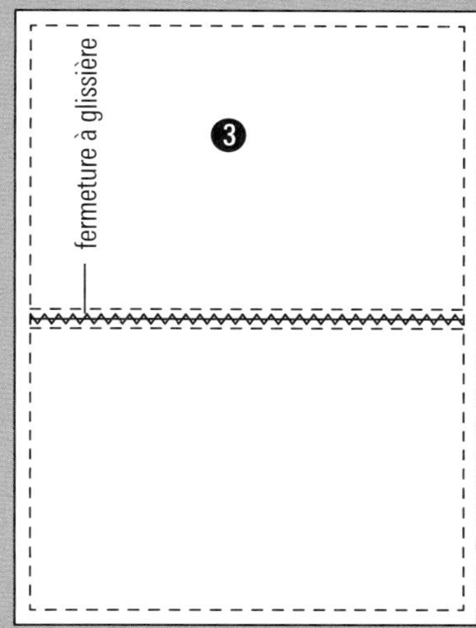
3
fermeture à glissière

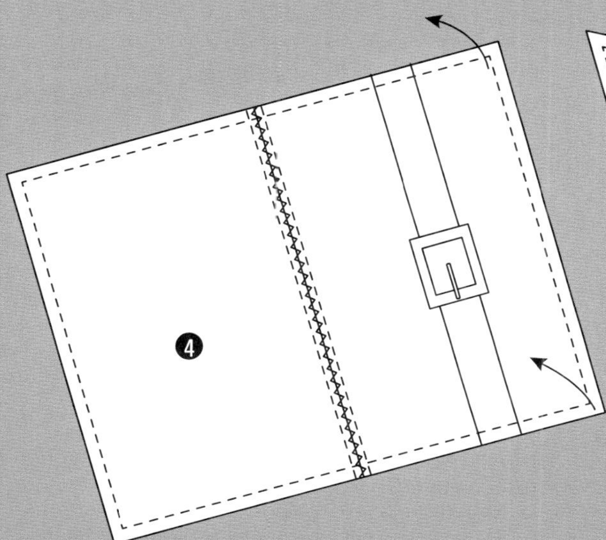
4

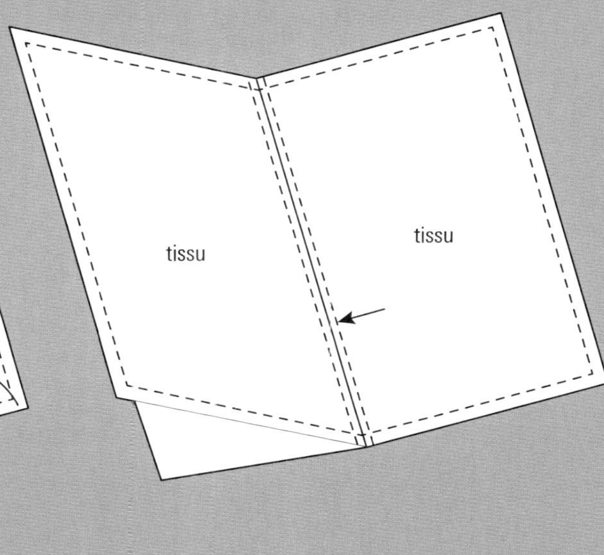
tissu
tissu

Pochette en soie sauvage

Fournitures

1 set de table rouge en bambou • 60 cm de taffetas de soie rouge • Un sautoir fantaisie en perles rouges • 50 cm de gros-grain rouge en 3,5 cm de large • 50 cm de ruban de satin rouge en 2,5 cm de large • 50 cm de ruban de paillettes rouges • 1,60 cm de gros-grain rouge en 0,5 cm de large • 20 boutons ou perles fantaisie rouges

Réalisation

Mesurer le set de table (ici 45 x 30 cm) pour en dessiner le patron. Ajouter 1 cm de chaque côté pour les coutures et 6 cm sur les deux hauteurs pour la fermeture (soit ici 57 x 32 cm). Dessiner 2 bandes de 8 cm de large et 28 cm de haut. Arrondir le bas de chaque bande. Découper les 3 patrons, puis les découper dans le taffetas.

Surfiler le tour des morceaux de soie. Épingler les côtés sur le corps du sac endroit contre endroit. Piquer à 1 cm des bords. Égaliser le haut.

Repasser en haut du sac, sur l'envers, un rentré de 1 cm, puis un ourlet de 1,5 cm. Piquer l'ourlet en ménageant une petite ouverture. À l'aide d'une épingle à nourrice, glisser 1 m de gros-grain fin dans la coulisse formée.

Coudre sur un côté du set les 2 rubans à petits points main à 8,5 cm et à 3 cm du bord. Sur le ruban de satin, coudre un groupe de perles, de boutons et de paillettes. Sur un bord du gros-grain, coudre le ruban de paillettes.

Coudre avec quelques points main le set sur le sac en soie. Diviser le sautoir en deux colliers de 26 cm. Coudre les colliers sur les côtés du sac à 9 cm des bords pour former les anses en piquant dans le sac en soie et dans le bambou. Coudre 30 cm de gros-grain fin au milieu de chaque poignée, sur les bords supérieurs du sac.

Customisés, brodés

Customisés, brodés

Sac correspondance

Dimensions

45 x 30 cm

Fournitures

Toile de lin naturel et lin blanc • Mouliné DMC : Rouge 350, Gris clair 452, Bleu 597, Blanc, Gris foncé 317 • Feutre à tissu

Réalisation

Couper les enveloppes dans le lin blanc en ajoutant 0,5 cm tout autour. Repasser vers l'envers un rentré de 0,5 cm tout autour du rectangle et autour de la partie basse du 2e morceau. Plier le triangle vers l'endroit, repasser vers l'envers un rentré de 0,5 cm sur chaque biais.
Écrire les adresses au feutre. Broder avec 2 brins de Mouliné, au point de chaînette et points arrière. Poser la grande enveloppe sur un timbre pour décalquer les grandes lignes par transparence avant de le broder au passé plat.
Maintenir tous les rentrés à points avant.
Couper dans le lin naturel (sac intérieur et sac extérieur) : 2 rectangles de 46 x 34 cm pour les faces, 1 bande de 7 x 126 cm pour le soufflet et pour les anses 4 bandes de 25 x 6 cm.

Mr. Mme Beausdeil
18, rue du petit pont
78280 Grignan
Pierre Joli
139, rue Debelly
75003 Paris

Customisés, brodés

Sac correspondance *(suite)*

Confectionner le sac et la doublure de la même façon : piquer le soufflet endroit contre endroit autour d'une face puis autour de l'autre, à 1 cm des bords. Repasser un rentré de 3 cm dans le haut. Coudre les enveloppes sur une face du sac extérieur en laissant le haut ouvert pour former des poches. Glisser les deux sacs l'un dans l'autre, envers contre envers.

Piquer les anses 2 par 2, endroit contre endroit sur les longueurs. Retourner. Repasser.

Glisser les anses entre les deux sacs. Piquer le tour du haut.

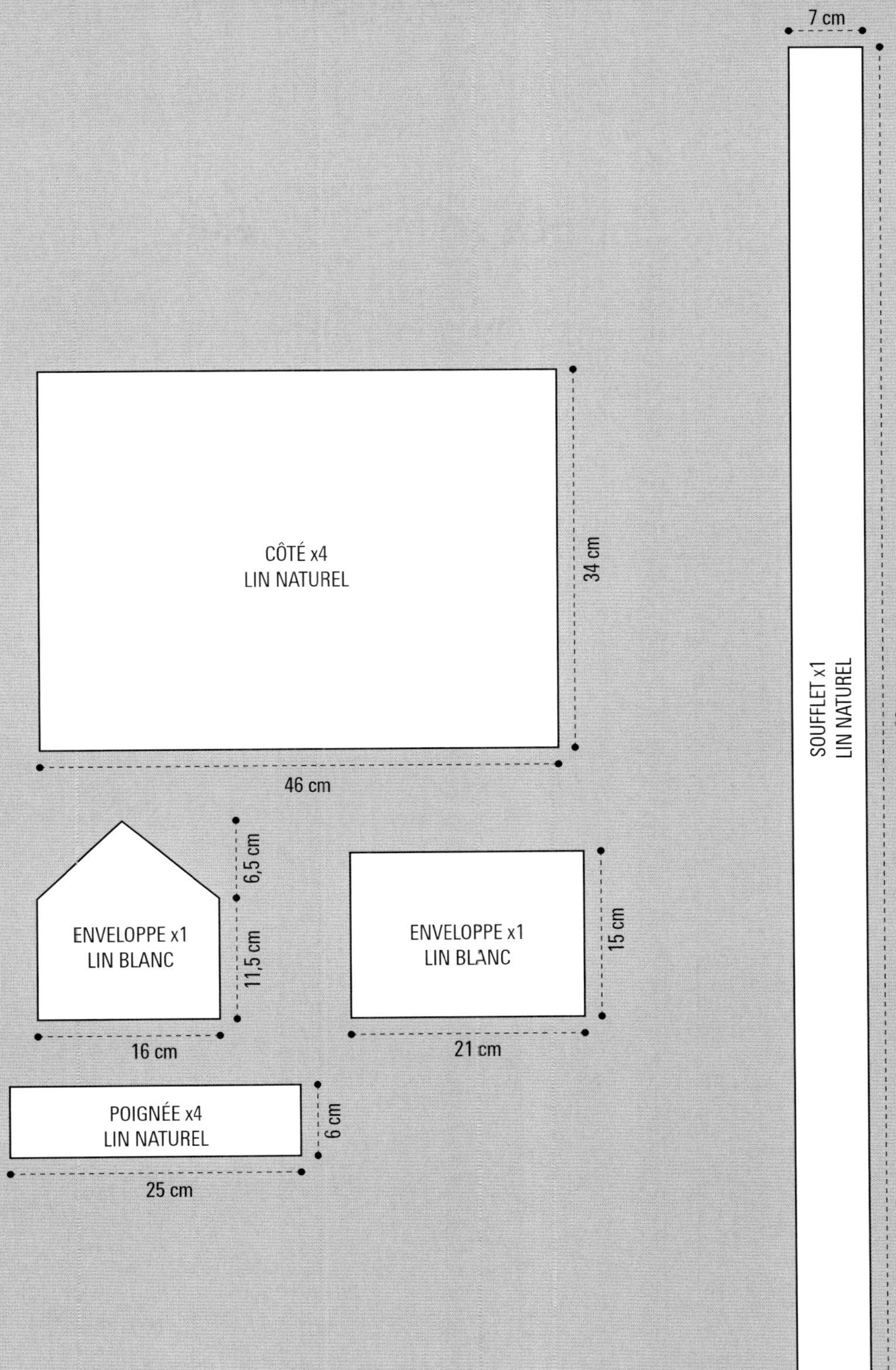
7 cm
CÔTÉ x4
LIN NATUREL
34 cm
46 cm
SOUFFLET x1
LIN NATUREL
122 cm
6,5 cm
ENVELOPPE x1
LIN BLANC
11,5 cm
16 cm
ENVELOPPE x1
LIN BLANC
15 cm
21 cm
POIGNÉE x4
LIN NATUREL
6 cm
25 cm

Sac mimosa

Fournitures

50 x 140 cm de velours fantaisie • 50 x 140 cm de tissu d'ameublement vert pour la doublure • 42 perles plates jaunes de 0,7 cm de diamètre et 16 perles vertes de 1 cm de diamètre • Laine, coton à broder et fil à coudre vert pâle • Crayon couture effaçable à l'air

Réalisation

Agrandir le motif à la photocopieuse. Dessiner les patrons à grandeur. Découper. Marquer l'emplacement des pinces.

Épingler sur l'envers des tissus pliés endroit contre endroit. Couper à ras. Pour les anses, couper 2 bandes de velours de 5 x 63 cm.

Découper 17 feuilles de 6 à 10 cm de long dans les chutes de doublure en suivant le motif. Tirer les fils pour effranger les bords.

Tracer les tiges principales des branches sur une face du sac. Broder au point de Boulogne, laine appliquée au fil à broder. Coudre les extrémités des feuilles à la main, puis coudre les perles jaunes et vertes selon le croquis.

Plier 1 cm vers l'envers sur chaque longueur des anses. Réunir les bords à petits points à la main.

Piquer les pinces en pliant le tissu endroit contre endroit. Piquer, endroit contre endroit, les deux parties du sac et les deux parties de la doublure en laissant une ouverture dans la doublure. Glisser les deux sacs l'un dans l'autre endroit contre endroit. Épingler ensemble le haut des deux sacs. Piquer le tour. Sortir la doublure du sac. Ourler les parties rectilignes A après avoir cranté les angles. Retourner les sacs par l'ouverture de la doublure. Fermer l'ouverture à la main. Rentrer la doublure dans le sac en laissant dépasser l'excédent à l'extérieur. Piquer au ras de la pliure de la doublure et à ras du haut du sac pour former une coulisse sur chaque face.

Introduire une anse dans chaque coulisse. Réunir les extrémités solidement à la main. Cacher la couture d'assemblage au milieu de la coulisse.

Sac mimosa *(suite)*

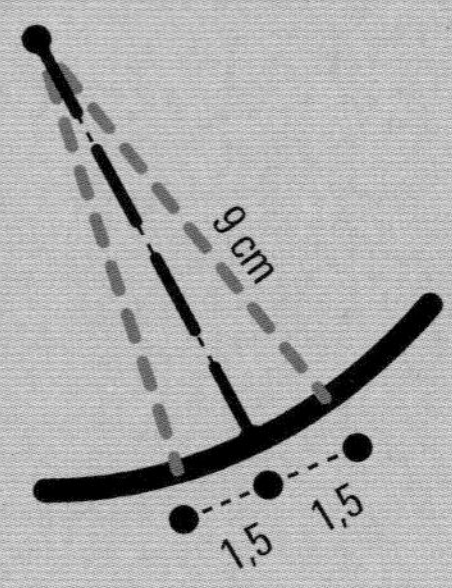

PINCES

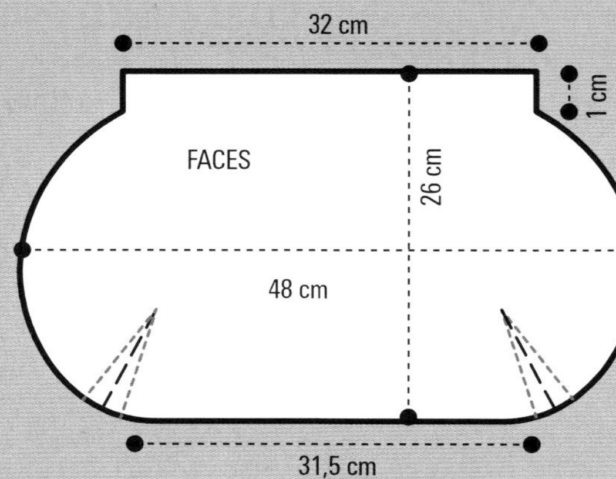

COUTURES COMPRISES 1 cm

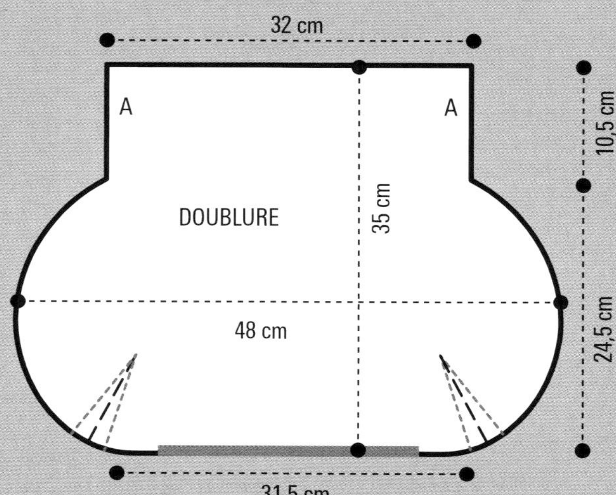

OUVERTURE DOUBLURE 20 cm

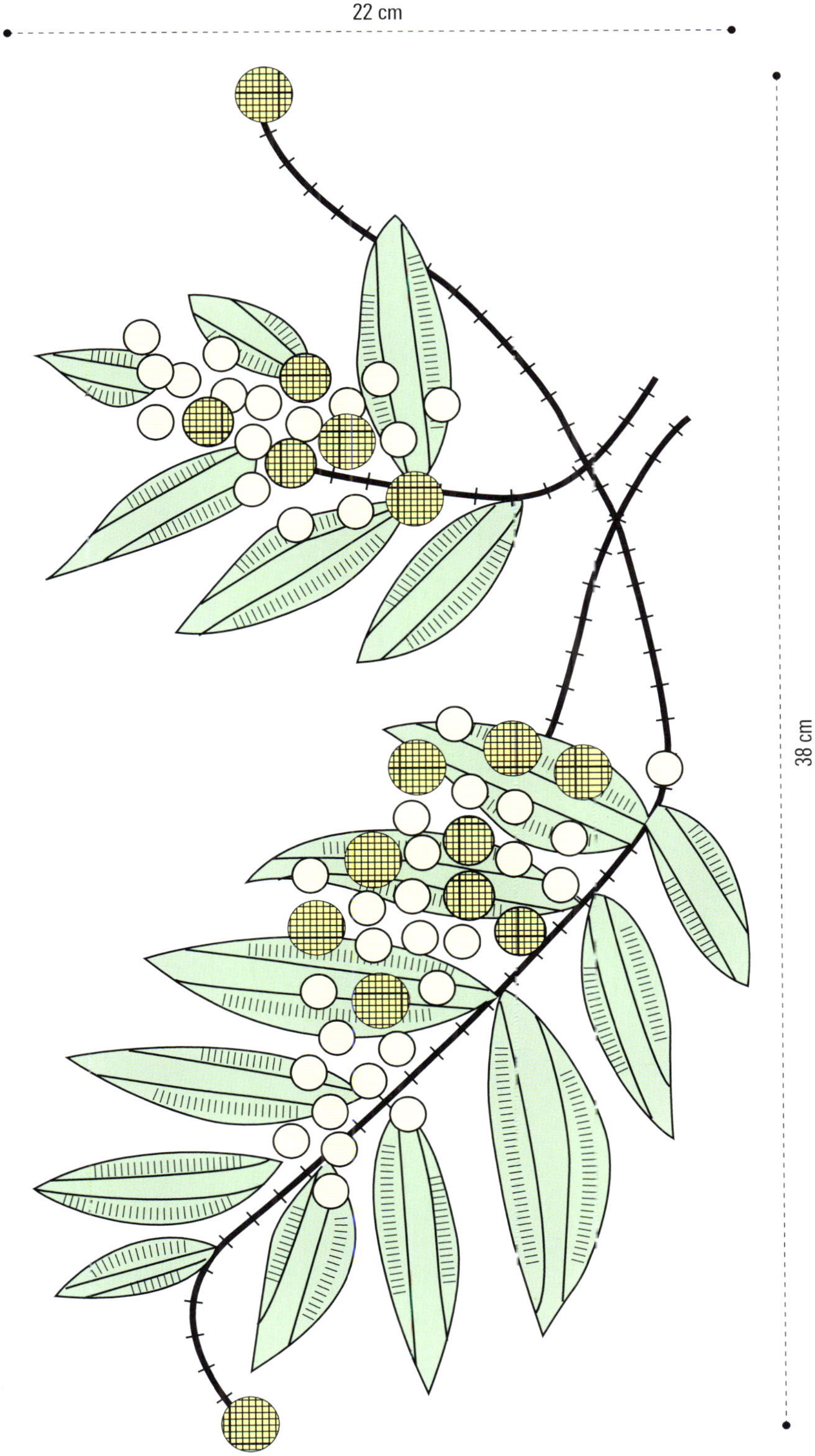
22 cm
38 cm

Sac primevères

Fournitures

30 cm de lin blanc ● Coton à crocheter Petra n°5 Jaune, Blanc et Beige (DMC) ● Peinture vert pâle ● Fil à coudre ● Crochet n°2,5

Réalisation

Reproduire le patron du sac à grandeur. Couper 2 fois le fond et 4 fois la face en ajoutant 1 cm tout autour de chaque morceau. Confectionner deux sacs semblables : piquer les deux faces endroit contre endroit puis les piquer autour du fond. Surfiler les rentrés de couture ensemble. Repasser vers l'envers les rentrés de couture du haut. Retourner un des sacs, le remplir de papier journal froissé. Peindre des pois verts au hasard à l'aide d'un coton tige.
Laisser sécher, enlever le papier puis glisser les sacs l'un dans l'autre, envers contre envers.

Nom du
Objet de la

Sac primevères ***(suite)***

Pour chaque anse, faire 70 mch Blanc puis crocheter 3 rangs de ms. Arrêter. Coudre le rang de montage sur le dernier rang. Glisser les extrémités des anses entre les deux sacs, une anse sur chaque face. Faire une double piqûre dans le haut.
Pour chaque fleur, faire 5 mch Jaune, fermer en rond par 1 mc.
Crocheter dans le cercle : * 3 mch, 3 dblebr., 3 mch, 1 ms dans le cercle * 5 fs.
Arrêter. Broder l'intérieur de points lancés Blanc et Beige.
Coudre les fleurs les unes contre les autres sur le haut du sac.

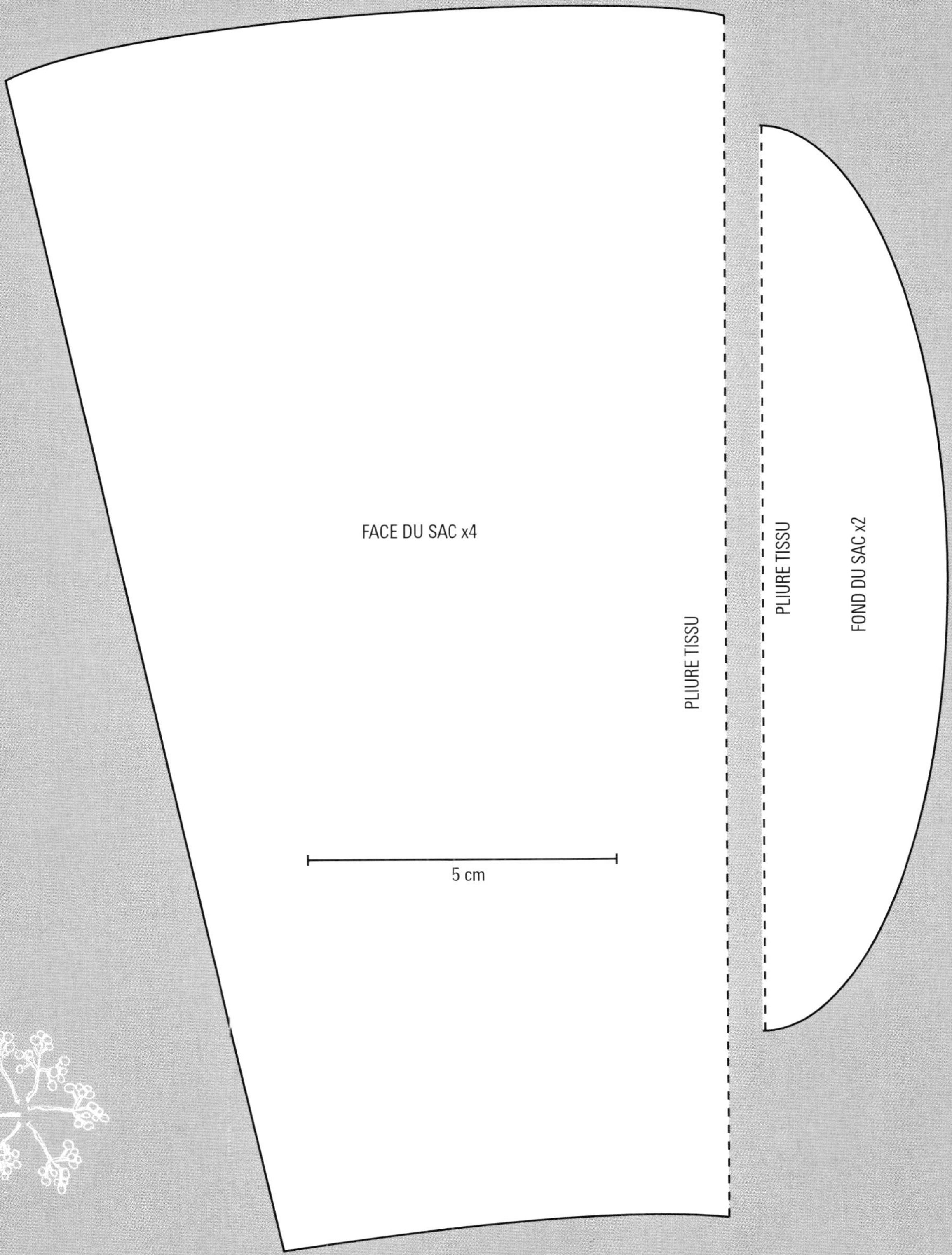
FACE DU SAC x4
PLIURE TISSU
5 cm
PLIURE TISSU
FOND DU SAC x2

Message de paix

Fournitures

1 sac marin beige ou kaki d'environ 70 cm de haut • Cotonnades fleuries et unies • Entoilage thermocollant • Colle à tissu • Feutre effaçable

Réalisation

Entoiler l'envers des tissus au fer à repasser sans vapeur. Dessiner les lettres sur la face entoilée du tissu fleuri : F, O, P, L x 1 ; W, E et R x 2.
Tracer une verticale au milieu du sac au feutre effaçable. Y coller les lettres de FLOWER. Coller les lettres de POWER horizontalement en réutilisant le O.
Renforcer le pourtour des lettres par un point d'application à la machine.
Dessiner et appliquer des fleurs, dans les 3 tailles, de la même manière.

Cabas tapisserie

Dimensions

30 x 41 cm

Fournitures

40 x 50 cm de canevas Pénélope Blanc • Laine à tapisserie Anchor : 1 éch. de chacun des col. indiqués sur la grille sauf 2 éch. 8458 et 6 éch. 8492 • Aig. à tapisserie • 50 x 140 cm de grosse toile rose assortie au col. 8482 • Fil à coudre assorti

Réalisation

Surfiler le tour du canevas pour éviter qu'il ne s'effiloche. Broder au demi-point en centrant le motif.

Couper dans la toile : 1 morceau de 32 x 43 cm (doublure de la tapisserie) et 1 de 32 x 45 (face arrière), 1 bande de 8 x 118 cm (bande du tour) et 2 de 8 x 55 cm (anses).

Préparer les anses : plier les bords vers le milieu puis plier en 2 pour obtenir une largeur de 2 cm. Piquer la longueur.

Épingler une anse sur le haut de la tapisserie en espaçant les extrémités de 13 cm et en les laissant dépasser de 3 cm au-dessus de la broderie.

Cabas tapisserie ***(suite)***

Poser le rectangle de la doublure sur la tapisserie en le centrant. Piquer en haut, à ras de la broderie. Faire une autre piqûre 0,5 cm plus haut, uniquement sur les anses pour renforcer le montage. Retailler le haut à 2 cm. Rabattre le tissu sur l'envers. Piquer le tour de la broderie. Retailler les 3 autres côtés à 1 cm. Piquer la bande centrée autour de la tapisserie, à 1 cm des bords puis autour de la face arrière. Surfiler les bords ensemble. Plier un rentré de 1 cm puis de 2 cm en haut de la bande et de la face arrière. Piquer. Piquer en place les extrémités de l'anse restante.

8212	8432	8502	9152	9282	9362	9406	9638
8214	8434	8504	9154		9366		9654
8216	8436	8506			9384		9656
8218	8438	8508			9386		9658
8292	8440	8510			9388		9660
8294	8442	8524			9390		9662
8296	8456	8526					
	8458	8542					
	8482						
	8488						
	8492						

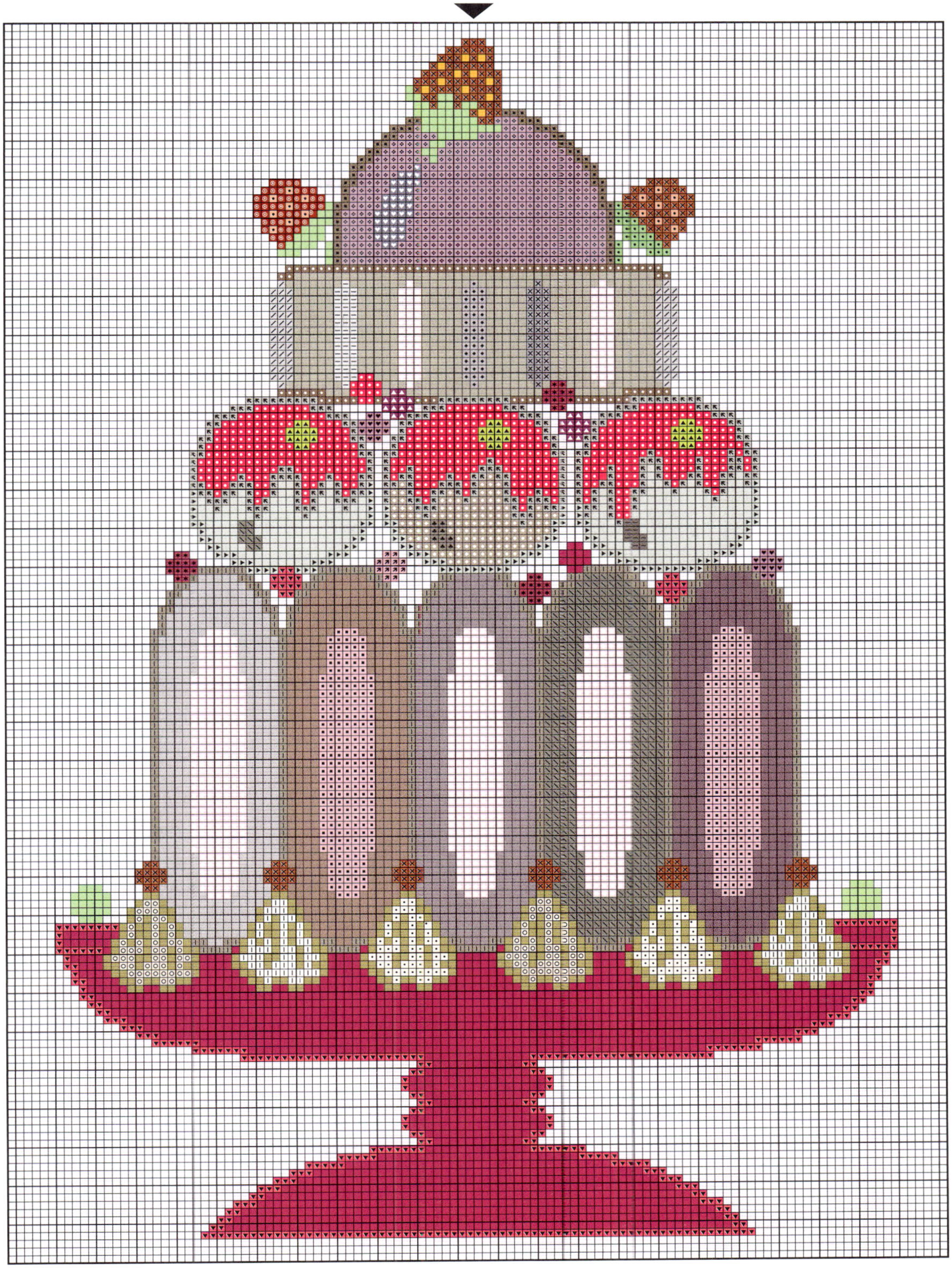

Branches de cerisier

Fournitures

Un sac en cuir de récupération • Chutes de cuir • Ficelle de cuisine • Grosse aiguille pour le cuir • Boutons blancs de différentes nuances • Peinture Pébéo Déco mat : 2 pots Blanc 41 • Pinceaux moyen et fin • Colle néoprène • Papier de verre

Réalisation

Poncer le cuir pour le griffer. Peindre en blanc l'ensemble du sac et des chutes de cuir avec un jus blanc (peinture + eau).
Agrandir le dessin en fonction de la taille du sac. Découper les motifs pour obtenir des gabarits, dessiner puis découper les motifs dans les chutes de cuir.
Broder les nervures des feuilles et des tiges au point avant avec la ficelle de cuisine en double.
Coller les motifs sur le sac, coudre les extrémités de chaque motif pour plus de solidité.
Entourer les boutons de quelques fils puis les coudre sur le sac en composant les fleurs. Pour finir chaque couture de bouton, nouer sur l'avant (double nœud) la ficelle et laisser dépasser de quelques cm.

Sac brodé

Dimensions

33 x 41 cm

Fournitures

50 x 90 cm de grosse toile + 2 rectangles de 7 x 55 cm (anses) ● Carbone spécial broderie ● 1 crayon à mine dure ● Papier calque ● Tambour à broder ● 1 aig. DMC à bout pointu n°6 pour broder avec 3 brins, n°8 pour broder avec 1 brin ● Mouliné DMC, 1 éch. de chacun des coloris suivants : 3865, 646, 3078, 445, 727, 973, 3831, 3833, 3053, 904, 906, 907, 501, 502, 503, 996, 793, 798, 820

Réalisation

En suivant le schéma, dessiner la forme du sac sur la toile. Couper en ajoutant 1 cm tout autour. Surfiler les bords pour qu'ils ne s'effilochent pas pendant le travail. Délimiter une face du sac en repassant les bords pliés. Décalquer les motifs agrandis. Les reporter sur la face délimitée en glissant le carbone entre calque et tissu. Broder en suivant les indications de point et de coloris sur le schéma.

Former le sac en piquant les côtés puis en fermant les extrémités du fond. Plier les rectangles des anses en 2. Repasser un rentré de 1 cm sur chaque longueur. Piquer. Coudre les anses à l'intérieur du sac en espaçant les extrémités de 21 cm et en les enfonçant de 3 cm dans le sac.

Sac brodé *(suite)*

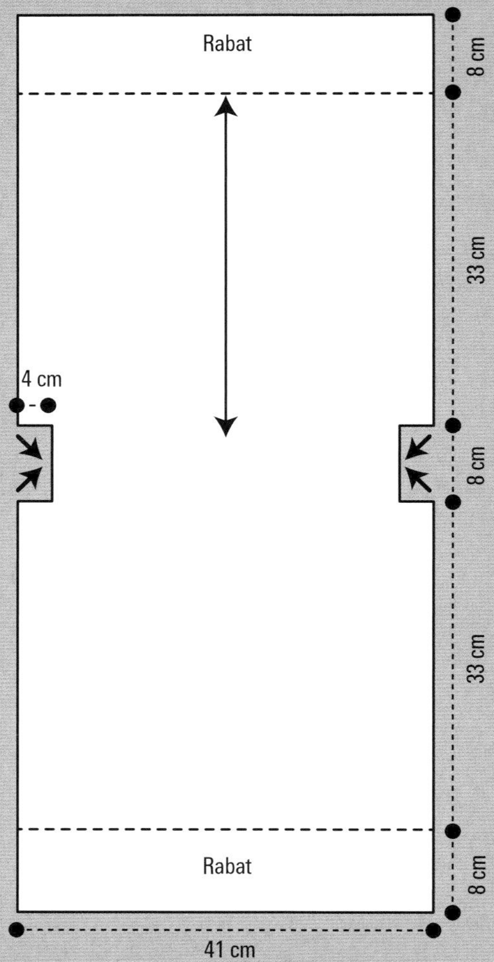

A = 3865
B = 646
C = 3078
D = 445
E = 727
F = 973
G = 3831
H = 3833
K = 3053
L = 904
M = 906
R = 907
S = 501
T = 502
U = 503
W = 996
X = 793
Y = 798
Z = 820

POINTS UTILISÉS
1 PASSÉ PLAT
2 PASSÉ EMPIÉTANT
3 POINT DE TIGE
4 POINT LANCÉ

Récup'

Sac fleuri

Dimensions

18 cm de haut x 30 cm au plus large

Fournitures

Drap de chanvre et cotonnade fleurie • Fleurs rondes crochetées (brocante) + 1 perle pour chaque fleur • Fil à coudre pour coutures solides

Réalisation

Reproduire le patron des faces et des anses sur le drap et la cotonnade. Couper à 2 cm.
Piquer les faces de chaque sac endroit contre endroit de A à A en passant par en bas. Cranter les rentrés de couture. Repasser les coutures et les rentrés du haut vers l'envers. Retourner le sac de drap.
Fixer les fleurs sur les faces en cousant une perle au milieu. Faire quelques points sur les bords, si besoin, pour maintenir les fleurs bien à plat. Glisser le sac de doublure envers contre envers dans le sac de drap.
Piquer une anse de drap endroit contre endroit d'une anse de cotonnade en laissant les extrémités ouvertes. Retailler les rentrés de couture. Retourner.
Glisser les extrémités des anses entre le sac et la doublure. Piquer tout le tour du haut en une seule fois.

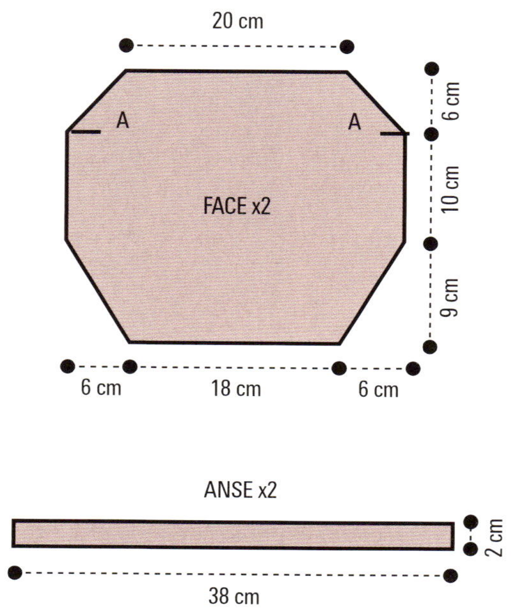

Sac belle compagnie

Dimensions

36 x 44 cm

Fournitures

50 cm de cotonnade fleurie, de cotonnade rose et de cotonnade crème (Marie et Gustave) • 2 anses rondes acrylique (La Droguerie) • 50 cm de dentelle vert de gris (Mokuba) • Fil à coudre assorti

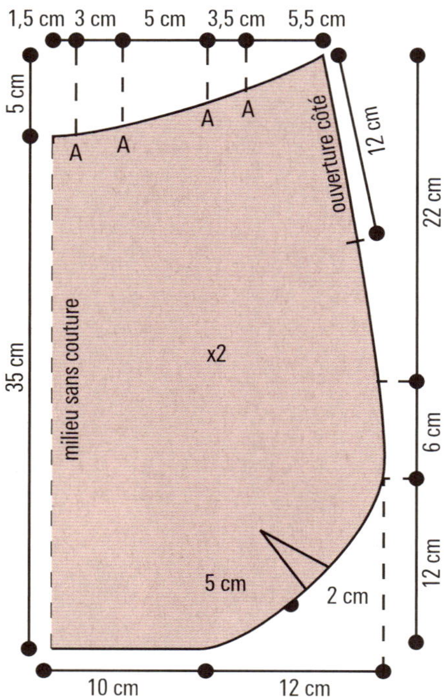

Réalisation

Reproduire le patron du sac à grandeur.

Couper dans le tissu rose 4 rectangles de 15 x 50 cm et dans le tissu fleuri 2 rectangles de 22 x 50 cm. Piquer 1 rectangle fleuri entre 2 rectangles roses, endroit contre endroit à 1 cm des bords. Ouvrir les coutures au fer. Poser le patron sur chaque morceau plié endroit contre endroit. Couper en ajoutant 1,5 cm tout autour. Marquer l'emplacement des pinces et des plis. Fermer les pinces.

Piquer les 2 faces du sac, endroit contre endroit, en laissant une ouverture de 12 cm en haut de chaque côté.

Préparer le sac intérieur de la même façon, chaque face en un seul morceau. Repasser vers l'envers les rentrés de couture des ouvertures de côté.

Glisser les 2 sacs l'un dans l'autre, envers contre envers. Assembler sac et doublure à points glissés sur la hauteur des ouvertures.

Bâtir les plis du haut vers le centre en posant A sur A. Couper 2 bandes de tissu fleuri de 15 x 31 cm. Les plier en 2, endroit contre endroit. Piquer les bords de 7,5 cm à 1,5 cm des extrémités. Retourner. Repasser en pliant les rentrés de couture vers l'intérieur. Glisser le haut du sac dans chaque bande. Piquer. Coudre de la dentelle, à la main, par-dessus la piqûre. Plier chaque bande autour d'une anse puis coudre à la main à l'intérieur du sac.

Jean doublé de Liberty

Fournitures

Un jean • Liberty • Fil à coudre • Un morceau de napperon brodé • Ciseaux

Réalisation

Couper le pantalon sous la braguette. Mesurer le tour du bord coupé. Pour le fond, couper un rectangle de 14 cm de large dont la longueur, angles arrondis, permette de l'ajuster au bord coupé. Pour les anses, couper 2 bandes de jean de 5 x 55 cm. Piquer le « pantalon » endroit contre endroit autour du fond.

Dans le Liberty, couper : le fond, les 2 anses, les 2 faces du sac (prendre les mesures sur le pantalon, ajouter 1 cm de couture en bas et sur les côtés et 4 cm en haut, la poche intérieure (bas d'une face x 15 cm de haut).

Assembler le Liberty pour la doublure intérieure : ourler le haut de la poche. La poser envers contre endroit d'une face. Assembler les 2 faces par les coutures des côtés. Piquer endroit contre endroit autour du fond.

Repasser un rentré de 1 cm sur chaque longueur des anses. Poser une anse de jean et une de Liberty envers contre envers. Piquer les longueurs. Épingler les anses à l'intérieur du sac en espaçant les extrémités de 20 cm, enfoncées sur 2,5 cm. Glisser la doublure dans le sac, envers contre envers. Plier le haut entre les 2 tissus pour laisser dépasser 1 cm. Piquer.

Piquer la broderie sur un morceau de Liberty puis piquer l'ensemble sur une poche, bords à vif.

Pochon cravate

Dimensions

25 cm de diamètre x 26,5 cm de haut

Fournitures

Tissu fleuri et toile thermocollante : 28 x 87 cm (sac), 30 x 19 cm (poche intérieure) et un cercle de 27 cm de diamètre (fond) • Cotonnade rayée pour la doublure : 29 x 87 cm (sac) et un cercle de 27 cm de diamètre (fond) • 30 cm de dentelle • 70 cm de sangle de 4 cm de large • 12 œillets de 1,5 cm de diamètre • Fil à coudre assorti • Une cravate • Une grosse fleur en tissu

Réalisation

Plier vers l'endroit un rentré de 0,5 cm sur un bord de 30 cm de la poche. Piquer la dentelle par-dessus. Piquer la poche à plat sur le rectangle de la doublure, à 4 cm du bas, par un zigzag à cheval sur les bords. Délimiter une poche par une piqûre verticale à 8 cm d'un bord puis réduire la profondeur de cette poche à 12 cm par une piqûre horizontale. Fermer en rond en piquant les bords de 29 cm l'un sur l'autre, endroit contre endroit, pour obtenir un cylindre de 27 cm de diamètre. Ouvrir la couture au fer.

Appliquer la toile thermocollante sur l'envers de chaque morceau de tissu fleuri. Assembler les bords de 28 cm l'un sur l'autre, endroit sur endroit, pour former un cylindre. Ouvrir la couture au fer. Piquer autour du fond. Repasser vers l'envers un rentré de 1 cm dans le haut. Cranter les rentrés du fond. Retourner sur l'endroit.

Poser la sangle sur le sac fleuri, d'un bord à l'autre, en passant par le fond, extrémités diamétralement opposées en les faisant dépasser de 2 cm du tissu. Enfiler le sac de doublure par-dessus, endroit contre endroit. Piquer 2 fois dans le haut. Redresser la doublure, épingler le fond envers contre envers puis le coudre à la main. Glisser la doublure dans le sac en la faisant dépasser. Redresser la sangle. Surpiquer à ras du tissu fleuri. Poser les œillets à 1 cm du haut du tissu fleuri, régulièrement espacés.

Passer la cravate dans les œillets. Coudre la fleur sur l'extrémité la plus large.

Vieux pull

Dimensions

32 cm de haut x 30 cm de large

Fournitures

Pull jacquard + veste + jupe • 140 cm de sangle et de galon • 2 boutons métalliques • 2 rectangles de 32 x 34 cm de cotonnade • Fil à coudre

Réalisation

Couper 2 morceaux de pull en suivant le schéma et en ajoutant 1 cm tout autour. Arrondir les angles du bas des rectangles de cotonnade.
Couper la poche dans une des manches de la veste. Surfiler le tour du rabat avec un fil contrasté. Le rabattre sur l'endroit. Maintenir en cousant les boutons. Piquer la poche sur un des morceaux du pull, par un zigzag de la même couleur que celui du rabat.
Piquer les 2 morceaux de pull, endroit contre endroit, à 1 cm des bords en laissant le haut ouvert. Piquer les 2 morceaux de doublure de la même façon.
Couper dans la jupe une bande de 5 x 62 cm. Piquer les extrémités de celle-ci, endroit contre endroit. Ouvrir la couture, plier l'anneau ainsi formé en deux.
Repasser vers l'envers un rentré de 1 cm en haut du tricot et de la doublure.
Bâtir l'anneau en haut de la doublure en laissant dépasser 1 cm. Glisser la doublure envers contre envers dans le sac.
Piquer le galon au milieu de la sangle. Couper en deux. Glisser chaque extrémité entre sac et doublure. Faire une double piqûre en haut du sac.

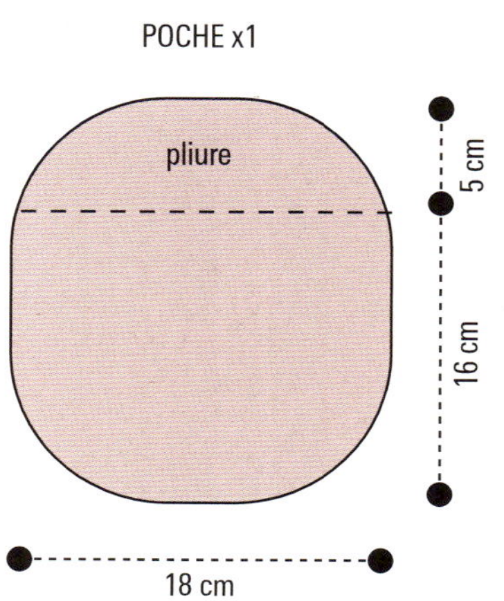

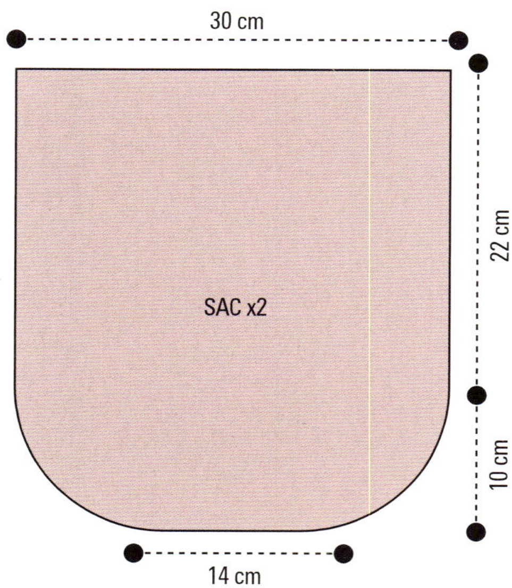

Furoshiki

Fournitures

Tissus légers : soie, coton... fleuris, rayés ou imprimés

Réalisation

Le furoshiki est un art du pliage traditionnellement utilisé au Japon pour emballer les cadeaux ou transporter les vêtements.

Le panier avec anse, porté épaule (A)

Couper un rectangle de tissu de 0,90 x 1,05 m. Piquer un petit surfil tout autour. Placer le tissu à plat, l'envers sur le dessus, une largeur de 90 cm sur l'avant. Rouler 2 à 3 fois le tissu de la largeur sur lui-même. Saisir les 2 angles et faire un nœud plat asymétrique, avec une petite et une longue oreille. Nouer de la même façon les 2 angles de la largeur opposée.
Saisir les 2 longues oreilles et faire un nœud plat avec les extrémités.

Furoshiki ***(suite)***

Le panier à 2 poignées, porté main (B)
Couper un rectangle de tissu de 0,95 x 1 m. Piquer un petit surfil tout autour.
Placer le tissu à plat, envers sur le dessus, une largeur de 95 cm sur l'avant.
Rouler 2 ou 3 fois la largeur du tissu sur lui-même. Saisir les 2 angles et faire un nœud simple.
Le nœud se place au milieu de la largeur et les pointes ont la même taille.
Saisir ensuite les 2 « oreilles » et faire un nœud plat tout près des extrémités pour former une poignée.
Rouler et nouer les angles de la largeur opposée de la même façon pour faire la seconde.

A

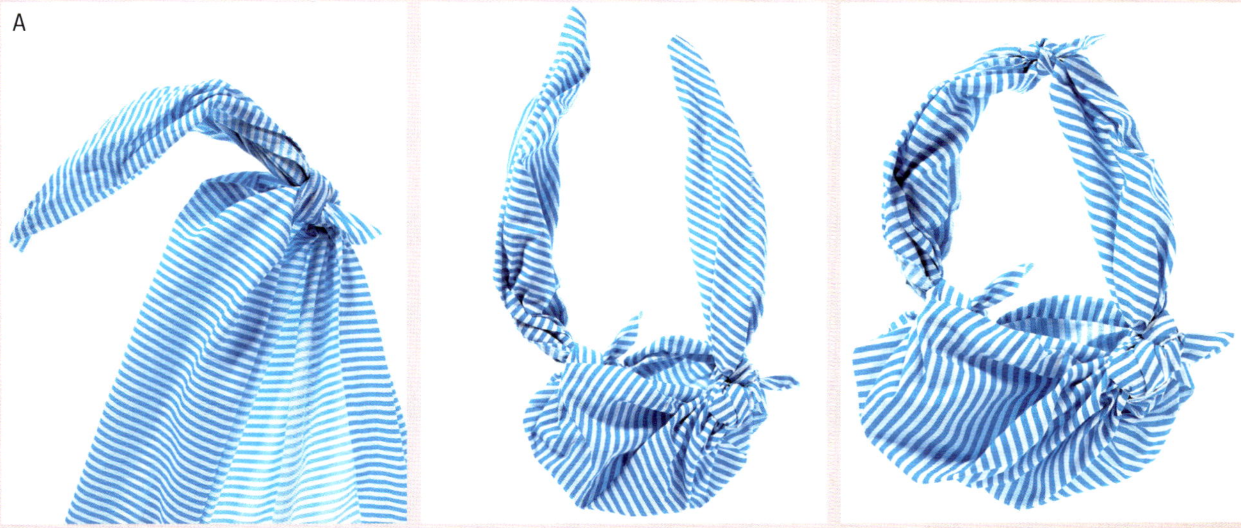

B

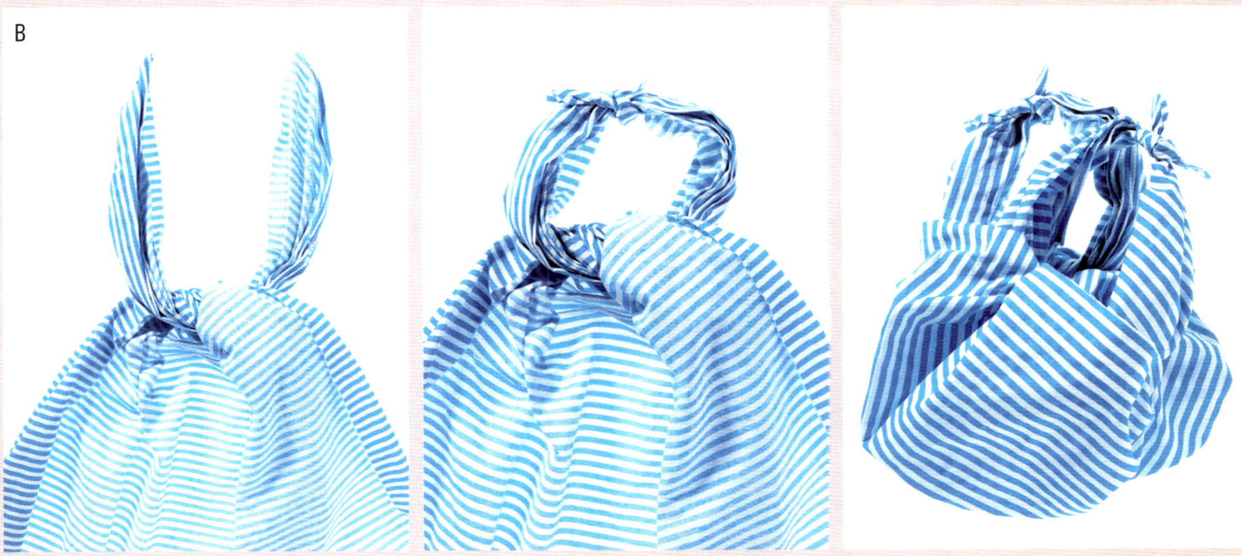

Table des matières

Crédits

PHOTOGRAPHIES

Juliette d'Assay (p. 19, 45) ; Fabrice Besse (p. 9) ; Gilles de Chabaniex (p. 139) ; Sophie Choussy (p. 79, 81) ; Matthieu Csesch (p. 99, 149, 151, 153) ; Patrice Degrandy (p. 119) ; Thomas Delhemmes (p. 35, 123, 133) ; Christophe Dugied (p. 23, 31, 89, 103, 109) ; Louis Gaillard (couverture, p. 13, 27, 49, 55, 57, 77, 95, 137) ; Guillaume Girardot (p. 93) ; François Goudier (p. 131) ; Thierry Legay (p. 111) ; Frédéric Lucano (p. 85, 105, 127) ; Marie-Pierre Morel (p. 43, 73, 107) ; Jean-Baptiste Pellerin (p. 7, 11, 15 , 63, 83, 145, 147) ; Lars Ranek (p. 61, 75) ; Elise Rebiffé (p. 115) ; Laurent Rouvrais (p. 155, 157) ; Sophie Tramier (p. 53, 65) ; Patrick Trautwein (p. 37, 39) ; Emilie Verdier (p. 25).

CRÉATIONS

Marie-France Annasse (p. 43) ; Charlotte Baily (p. 109) ; Simone Bendix (p. 61, 75) ; Eve-Marie Briolat (p. 19, 63, 123, 155, 157) ; Catherine Chabaneix (p . 73, 107, 131) ; Sophie Choussy (p. 79, 81) ; Caroline Diaz (p. 31) ; Christi Exelmans (p. 65) ; Marie-Paule Faure (p. 53, 147) ; Elodie Hamon (p. 93) ; Marie Le Guillochet (p. 149, 151, 153) ; Vania Leroy (p. 9, 11, 23, 45, 77, 85, 95, 127) ; Réka Magyar (p. 25) ; Valérie Massei (p. 111) ; Véronique Méry (p. 27, 55) ; Elodie Piveteau (p. 15) ; Camille Soulayrol (p. 7, 13, 15, 35, 49, 57, 83, 89, 119, 137, 145) ; Hélène Tridivic (p. 37, 39, 115, 155, 157) ; Dominique Turbé (p. 99, 103, 137) ; Anne Ventura (p. 13) ; Véronique Villaret (p. 105, 133).

RÉALISATION

Marie Andrée (p. 11, 73) ; Marie-France Annasse(p. 73, 83, 119, 9, 77, 127, 105) ; Simone Bendix (p. 61, 75) ; Céleste Bouchayer (p. 85) ; Blandine Boyer (p. 27) ; Catherine Charapoff (p. 37, 39, 79, 81, 111, 155, 157) ; Citronille (p. 99) ; Catherine Coget (p. 19, 45) ; Corinne Crabercu (p. 53, 147) ; La Droguerie (p. 107) ; Céline Dupuy (p. 35, 63, 137) ; Elodie Hamon (p. 93) ; Mlle Kou (p. 13, 123) ; Michèle Kunetz (p. 7, 145) ; Marie Le Guillochet (p. 151, 153) ; Clémentine Lubin (p. 115) ; Véronique Méry (p. 55) ; Lise Meunier (p. 23) ; Anne Muchir (p. 139) ; Sandrine Sitaud (p. 103) ; Camille Soulayrol (p. 31, 109) ; Dominique Turbé (p. 89) ; Anne Ventura (p. 49, 15) ; Nancy Waille (p. 131) ; Joëlle Wolff (p. 57, 95).

Collection MARIE CLAIRE IDÉES
Un magazine publié par Marie Claire Album
Directrice de la rédaction : Dominique Roche
Rédactrice en chef : Caroline Lancrenon
Direction artistique : Michel Stefani

Directeur d'édition : Thierry Lamarre
Coordination : Adeline Lobut
Assistante d'édition : Marie Lecocq
Conception graphique et mise en pages : Either studio
Couverture : Either studio
Correction-révision : Véronique Blanc
Explications : Renée Méry
Schémas : Nadine Sevin

Éditions MARIE CLAIRE
Publiées par Société d'Information et de Créations - SIC
Une société de Marie Claire Album
10, bd des Frères-Voisin 92792 Issy-Les-Moulineaux CEDEX 9
Tél. 01 41 46 88 88
R.C.S. Nanterre 302 114 509
Sarl au capital de 3 822 000 euros

ISBN : 978-2-84831-304-7 - N° Éditeur : 38369
Imprimé par G. Canale & C., Roumanie
Dépôt légal : avril 2011

www.editionsmarieclaire.com